PARIS
VÉGÉTARIEN
ET VEGAN

ALCYONE WEMAËRE

PARIS VÉGÉTARIEN ET VEGAN

LES MEILLEURS RESTOS ET AUTRES BONNES ADRESSES

PARIGRAMME

N'hésitez pas à nous écrire : **parigramme@parigramme.fr**

Manger végétarien et vegan à Paris : les portes du paradis

“Paris n’est plus la ville cauchemar des végétariens.” Voilà ce que nous écrivions en 2012, lors de la sortie du tout premier guide consacré aux restaurants veggie de la capitale. À l’époque, comme les adresses 100 % végétariennes étaient trop peu nombreuses, nous avions dû inclure des adresses veggie-friendly. La question ne se pose plus pour cette édition. L’émergence d’un “Veggiestan”, un quartier fortement végé dans les 9e et 10e arrondissements, est un signe qui ne trompe pas : il y a désormais l’embarras du choix pour manger végétarien... et vegan à Paris. Car si toutes les enseignes ne le mettent pas en avant – accueillant ainsi des amateurs de cuisine végétalienne qui s’ignorent –, la tendance vegan est sans appel. Cinquante ans après Mai 68, le végétarisme est-il en passe d’être supplanté par le véganisme ? Il est trop tôt pour le dire mais, avec une majorité de nouvelles adresses vegan, il était temps pour nous d’accompagner ce changement en appelant ce guide *Paris végétarien et vegan*.
De cantines en restaurants et de pâtisseries en épiceries, de belles découvertes vous attendent à (presque) tous les coins de rue. À l’aventure !

En l'absence de précision : végétarien

Friendly

100 % VEGAN

VEGAN-FRIENDLY

OPTIONS SANS GLUTEN

100 % OU EN PARTIE BIO

PESCO-VÉGÉTARIEN

COURS DE CUISINE

COUP DE CŒUR

Quel végétarien êtes-vous ?

"Quelqu'un qui ne mange pas de viande" : voilà comment la plupart des Français définissent encore une personne végétarienne. En fait, c'est plus généralement la chair animale qu'un "vrai" végétarien se refuse à manger et cela inclut le poisson. Cette confusion est tout de même révélatrice : tous les végétariens ne mettent pas le curseur au même niveau. Petit tour d'horizon des différents profils, du plus jusqu'au-boutiste au plus dilettante.

VÉGAN • Sa motivation étant de vivre sans exploiter les animaux et sans les faire souffrir, le végan ne consomme ni produit animal, ni sous-produit animal, ni produit d'origine animale. Pas de viande ni de poisson donc, mais pas non plus d'œufs, de lait, de yaourt, de beurre ou même de miel. Au-delà de l'alimentation, par choix moral, le végan évite aussi de porter du cuir, de la soie ou encore de la laine. Il n'achète pas non plus de shampoing ou de savon fabriqués à partir de lait, d'œufs, de miel, ou testés sur des animaux.

VÉGÉTALIEN • À l'instar du végan, son alimentation est strictement végétale. Et tout ce qui provient directement ou indirectement d'un animal, comme le lait ou le miel, est banni. Le choix du végétalien, en revanche, se limite à la nourriture. A contrario du végan, il ne s'interdit donc pas de s'acheter un sac en cuir ou un foulard en soie.

LACTO-VÉGÉTARIEN • Pour lui, exit viande, poisson et œufs, mais il ne dit pas non au lait et à tous ses dérivés, des yaourts au fromage.

OVO-VÉGÉTARIEN • S'il ne consomme pas de viande, de poisson ni de produits laitiers, il ne dédaigne pas un œuf sur le plat ou une omelette.

OVO-LACTO-VÉGÉTARIEN • C'est le végétarien type. S'il ne mange ni viande ni poisson, son alimentation comprend œufs, lait, fromage, beurre, yaourts, miel, etc.

PESCO-VÉGÉTARIEN • Peut-on manger du poisson et des fruits de mer et se considérer comme végétarien ? En théorie, non. Dans la pratique, pourtant, la plupart de ces "semi-végétariens" s'estiment végétariens. Pour couper la poire en deux, le néologisme "pesco-végétarien" est né.

SEMI-VÉGÉTARIEN • Il se dit végétarien mais consomme du poisson et de la volaille... La viande rouge, en tout cas, ce n'est pas pour lui.

FLEXITARIEN • C'est le végétarien "flexible". Essentiellement végétarien, il mange et cuisine veggie chez lui mais, à l'occasion, invité chez des parents ou des amis, il ne refusera pas un plat avec de la viande. Mark Bittman, célèbre journaliste culinaire américain, est le grand théoricien du flexitarisme. Il y voit un compromis idéal entre les contraintes sociales du végétarisme et les considérations environnementales.

LES RENDEZ-VOUS DE L'ANNÉE

JOURNÉE MONDIALE DU VÉGÉTARISME

Depuis 1978, le 1er octobre est la journée mondiale du végétarisme. L'Association Végétarienne de France fait durer le plaisir toute la première semaine d'octobre avec les "JMV", les Journées mondiales végétariennes. Au programme : des cours, des conférences, des stands ou encore des repas végétariens organisés à Paris et dans le reste du pays.
vegetarisme.fr

VEGGIE PRIDE

Depuis plus de quinze ans maintenant, la "VP", comme l'appellent les initiés, a lieu chaque année en France, la plupart du temps à Paris. Cette marche de la fierté végétarienne est axée sur le refus de manger des animaux par respect pour eux. La Veggie Pride se tient généralement à l'automne.
veggiepride.org

JOURNÉE MONDIALE DU VÉGANISME

La date du World Vegan Day est le 1er novembre. Cette journée s'inscrit dans le cadre plus large de la campagne du mois vegan – le mois de novembre, donc – visant à sensibiliser le public à ce mode de vie.

Kombu

PETIT LEXIQUE GASTRONOMIQUE VÉGÉTARIEN ET VEGAN

Riche en aliments "alternatifs", la cuisine végétarienne et végétalienne peut sembler hermétique de prime abord. Voici quelques termes récurrents qui aideront les néophytes à déchiffrer sans peine les menus.

AGAR AGAR
À base d'algues rouges, l'agar agar est un gélifiant naturel.

DULSE, KOMBU, NORI, WAKAMÉ
Ces algues, crues ou cuites, viennent réveiller soupes et salades. On les retrouve parfois dans les desserts.

GOMASIO
Ce mélange de graines de sésame grillées et de sel s'utilise pour saler les plats.

GRAINES GERMÉES
Ce sont des graines – de fenugrec, de radis, d'alfalfa, etc. – que l'on a fait germer. Vous retrouverez ces petites bombes nutritionnelles dans les salades.

KAMUT
Il s'agit d'une variété de blé du Khorasan (une région de l'Iran), considéré comme l'ancêtre du blé dur.

Graines germées

KOMBUCHA
C'est une boisson fermentée, légèrement acidulée, obtenue à partir d'un champignon macéré dans du thé ou de la tisane.

SEITAN
Cette "viande de blé" s'obtient à partir du gluten de blé que l'on isole par l'extraction du son et de l'amidon. Une fois cuite, la boule de pâte porte le nom de seitan.

SIMILI-CARNÉ
Par sa texture, son goût et surtout ses propriétés nutritives, ce produit 100 % végétal, riche en protéines, "imite" la viande pour mieux la remplacer.

SOJA
De cette plante, proche du haricot, on tire de l'huile, du lait et plus indirectement du tofu, du tempeh ou encore du miso.

TEMPEH
Souvent confondu avec le tofu, cet aliment traditionnel indonésien est à base de graines de soja jaune trempées, cuites puis fermentées par un champignon.

TOFU
Cette pâte blanche, au goût neutre, résulte du caillage du lait de soja sous l'action de sels de magnésium.

"Mettez un enfant dans un berceau
avec une pomme et un lapin.
S'il mange le lapin et joue avec la pomme,
je vous achète une voiture neuve !"

Harvey Diamond

Maisie Café

32, rue du Mont-Thabor, 1er • M° Concorde • Tél. 01 40 39 99 16

Ouvert du lundi au vendredi de 9h à 17h, samedi de 11h à 17h

Granola à 8 €, salade à 10 €

maisiecafe.com

PAUSE CAFÉ • Dans l'effervescence d'un quartier qui appelle à une pause douceur, ce coffee shop ascendant bar à jus ne manque pas de charme avec ses banquettes vert tendre. Petit-déjeuner, déjeuner ou goûter, il semble qu'ici, à l'ombre des palmiers peints sur les murs, il soit toujours l'heure de déguster un matcha bowl avec un granola fait maison aux fruits cuits à basse température, une focaccia sans gluten aux légumes rôtis, une salade de nouilles soba, chou chinois, pamplemousse, sauce sésame-soja ou un choco cake aux noisettes entières croquantes. Du manger sain tout ce qu'il y a de plus tendance, et riche en super-aliments avec ça, mais sans concession sur la gourmandise. Pour la route, vous ferez bien le plein de soleil avec un jus de fruits maison recueilli à froid carotte, pomme, gingembre, citron, curcuma et aloe vera !

Végét'Halles

41, rue des Bourdonnais, 1er • M° Châtelet • Tél. 01 40 41 93 95

Ouvert du lundi au samedi de midi à 15h et de 18h30 à 23h

Menus à 12,90 €, 15,90 € et 9,90 €

vegethalles.fr

INCONTOURNABLE • Caché dans une petite rue tout près des Halles, l'endroit n'est plus à présenter aux végétariens et aux végans de la capitale. Dans un cadre moderne mais chaleureux, on y déguste une cuisine sans frontières : le houmous côtoie la terrine de champignons, le curry fait face, pêle-mêle, aux lasagnes et aux brochettes de "kebab" marinées au gingembre, tandis que la crème au chocolat noisette cherche à faire de l'ombre au carrot cake. Les copieux burgers, l'un aux protéines de blé, l'autre, croustillant, aux protéines de soja, sont des recettes phares. Pas étonnant que l'adresse ait fait le tour de tous les salariés du quartier. Le soir, c'est davantage la clientèle végétarienne qui est au rendez-vous.

Friendly

Brasserie 2ème ART

49, rue Montmartre, 2e • M° Sentier ou Étienne-Marcel
Tél. 01 40 26 56 80

Ouvert tous les jours de 11h à minuit

Entrées à 7 €, plats à 13 €

Facebook : Brasserie 2eme ART

L'AIR DE RIEN • Une terrasse de bistrot avec ses tables rondes en métal sur le bitume… Cela a l'air d'une brasserie, la carte ressemble à celle d'une brasserie, d'ailleurs, c'est bien une brasserie. Seulement, elle n'est pas "(si) traditionnelle". De la salade César à la pizza napolitaine en passant par le cheeseburger et le riz au lait caramel, tous les plats sont, en effet, vegan. Une spécificité si peu mise en avant par l'établissement qu'à la table d'à côté, vos voisins omnivores pourraient n'y voir que du feu. Bon à savoir : comme toute brasserie parisienne qui se respecte, on peut boire ici à (presque) toute heure du jour et de la nuit un café, un verre de chablis et même un cocktail, tout en dévorant un bon (veggie) burger. Et si c'était ça le véganisme à la parisienne ?

Cloud Cakes

6, rue Mandar, 2ᵉ • M° Sentier ou Étienne-Marcel
Tél. 01 42 33 95 45

Ouvert du lundi au samedi de 9h30 à 19h, dimanche de 11h30 à 15h30

Buddha bowl à 12,50 €

cloudcakes.fr

SUR UN NUAGE • La déco acidulée de ce coffee shop on ne peut plus cosy est en soi une invitation à déguster un cupcake accompagné, bien sûr, d'un cappuccino mousseux. À moins de se laisser tenter par un latte au curcuma et aux épices servi avec une part de carrot cake ? De toute façon, toutes les pâtisseries sont à tomber. “Mais où est votre boutique ?” a-t-on d'ailleurs longtemps demandé à Aelita et Olivier lors des salons où leurs cupcakes faisaient sensation. Depuis, le couple de jeunes végans passionnés a créé le coin de paradis dont ils rêvaient... et qui nous manquait aussi. Et puisque même les becs sucrés ne peuvent se nourrir de douceurs à longueur de journée, le buddha bowl est là pour illuminer vos pauses déjeuner.

Le P'tit Pré – Chez Lan

39, rue de Cléry, 2e • M° Strasbourg-Saint-Denis ou Sentier
Tél. 01 74 64 92 18

Ouvert du lundi au vendredi de midi à 14h30

Bo bun à 10,90 €, banh mi à 5,90 €

Facebook : Le P'tit Pré – Chez Lan

VIETNAM FOREVER • Quasiment en face de son restaurant situé au n° 48 de la rue, Lan a ouvert cette discrète cantine de quartier où l'on peut manger sur le pouce et sans chichis sa délicieuse cuisine vietnamienne. Derrière le comptoir, vous pouvez voir les chefs s'activer pour préparer avec soin votre commande. De ce côté de la rue, le choix est plus restreint, mais les prix sont aussi plus doux. L'inoubliable bo bun est bien à la carte, mais pourquoi ne pas laisser sa chance au curry de tofu au lait de coco, à la fricassée de tofu et de champignons au piment ou même au croustillant sandwich banh mi ? Si ce n'est cette fois, ce sera en tout cas la prochaine. Car vous reviendrez, c'est sûr. Comme tout le monde.

Vietnam In Paris – Saveurs du Vietnam

48, rue de Cléry, 2e • M° Strasbourg-Saint-Denis ou Sentier
Tél. 01 74 64 92 18

Ouvert du lundi au samedi de midi à 15h et de 19h à 22h

Menu entrée-plat-dessert à 18,90 €

Facebook : Vietnam In Paris – Saveurs du Vietnam

ESCALE À HANOÏ • Comme le tumulte de la rue de Cléry et son ballet de camions de livraison semble loin une fois imprégné de la sérénité de ce petit resto vietnamien. Lan, végane depuis une quinzaine d'années, y sert la cuisine qu'elle aime, à la croisée de ses origines et de ses aspirations éthiques : le phô, la soupe traditionnelle, évidemment, mais aussi un pad viet aux champignons ou encore une fricassée de tofu au piment. Mais est-ce bien raisonnable de ne pas succomber au bo bun "VIP" dont elle a le secret ? Les saveurs, tout en finesse, sont bien là. "Même les nems sont faits maison", précise Lan en souriant. En bas, une petite salle offre un espace de méditation à ceux qui le souhaitent. Pour les autres, il y a l'option thé au jasmin.

Café Pinson

6, rue Forez, 3e • M° Filles-du-Calvaire, Oberkampf ou République
Tél. 09 83 82 53 53

Ouvert du lundi au vendredi de 9h à 22h, samedi de 10h à 22h,
dimanche de midi à 18h

Menu entrée-plat ou plat-dessert à 17,50 €

cafepinson.fr

OISEAU RARE • Avant de s'envoler gazouiller du côté des Grands Boulevards (voir p. 61), c'est dans le Marais qu'est né le premier Café Pinson. Dans une ambiance *home sweet home* au charme suranné, on découvre une carte inventive et ultra-vitaminée. Ici, tout est maison et de saison, mais aussi sans blé et sans produits laitiers. Du sain, du détox, voire du raw (cru) avec plein de super-aliments au rendez-vous. Les assiettes sont gourmandes et colorées, comme ce houmous de lentilles corail accompagné de ses crackers de graines ou ces légumes sautés au lait de coco et gingembre agrémentés d'amandes torréfiées au tamari. Côté sucré, on vous le donne en mille : il y a, entre autres, du granola maison au yaourt de soja et sirop d'agave. *Last but not least*, tout est bio, le café est délicieux et, sur les platines, c'est Nina Simone.

Friendly

Hank Burger

55, rue des Archives, 3e • M° Rambuteau
Tél. 09 72 44 03 99

Ouvert tous les jours de midi à 22h

Menus à 13 € et 15 €

hankrestaurant.com

NICE KARMA • Comme la devanture noire tout en sobriété est trompeuse. Du “Tata Monique” à la sauce tomate et olives noires (8,50 €) à “l’allumé” à la sauce barbecue et aux poivrons marinés, ce sont des burgers au nom et au goût plus déjantés les uns que les autres qui vous attendent ici. Le steak végétal est élaboré selon une recette secrète de la maison mêlant haricots rouges, protéines de soja et légumes. Pour accompagner les pommes de terre wedges, la mayo vegan – la véganaise, bien sûr ! – est en libre-service, à volonté. En sirotant une bière sans gluten au chanvre, on se dit que l’on a mangé sur le pouce, oui, mais sainement… et éthiquement. Ce n’est pas pour rien que Hank signifie *Have a nice karma*.

Hank Pizza

18, rue des Gravilliers, 3e • M° Arts-et-Métiers
Tél. 09 72 50 33 68

Ouvert tous les jours de midi à 22h

Menus à 13 € et 15 €

hankrestaurant.com

MAMMA MIA • La pizza serait-elle le nouveau burger ? Il y a quelques années, les enseignes de burgers végétariens se multipliaient à Paris comme des petits pains. Une certaine tendance à la pizzeria vegan semble prendre le relais. Après Veg'Art (voir p. 85), voici en effet Hank Pizza, le cousin à l'accent "italien" de Hank Burger (voir p. 21). Sur deux étages, le lieu est idéal pour manger un bout sans chichis avec des amis. La pâte est artisanale, le fromage vegan et le "chorizo" aussi, mais on parie que les non-végétariens ne verront que du feu à la "pepe roni" (5 €). Ici, comme souvent en Italie, les pizzas sont *al taglio*, c'est-à-dire "à la coupe". Si ce n'est pas une invitation à prendre plusieurs parts...

Health Inside

30, rue Charlot, 3e • M° Arts-et-Métiers ou Filles-du-Calvaire
Tél. 01 42 78 18 81

Ouvert mardi de 10h à 16h, mercredi de 11h à 16h, jeudi et vendredi de 11h à 23h, samedi de 10h à 23h, dimanche de 10h à 18h

Formule déjeuner à 15 €, menu découverte le soir à 34 €

restauranthealthinside.fr

DOUBLE EFFET • Cette jolie cantine mise sur le bio et le détox pour attirer celles et ceux qui aiment manger sain et équilibré. On y fait d'ailleurs le plein de vitalité en toute connaissance puisque, sur la carte, les bienfaits des plats aux influences métissées sont précisés, comme pour ce carpaccio de radis noir et houmous "détoxifiant pour le foie" ou cette salade de quinoa à l'avocat, aux légumes crus et noix de cajou "riche en protéines, fer et oméga". En fin de semaine, le soir, la cantine se fait restaurant avec une carte plus gastronomique. Un des plats proposés est alors à base de poisson, mais vous pourrez toujours déguster, par exemple, un risotto rose et crémeux à la betterave, aux radis et aux navets boule d'or. En dessert, on ne résiste pas au gâteau citron, ricotta, fleur d'oranger et pistaches grillées.

Friendly

H.O.P.E – Home of the Plant Eaters

19, rue de Picardie, 3e • M° Temple, Arts-et-Métiers ou Filles-du-Calvaire
Tél. 01 42 78 93 06

Ouvert du mercredi au samedi de midi à 15h et de 19h à 22h,
dimanche de 11h30 à 15h30

25 € à la carte

hope-paris.com

BELLE PLANTE • Voici une adresse douce comme tout qu'il est plaisant de faire découvrir à quelqu'un que l'on aime : le cadre est épuré et, dans les assiettes, les saveurs ont rendez-vous avec la finesse. Si la carte compte peu de plats, c'est pour mieux les soigner, comme cette délicieuse "escalope" marinée, sauce échalote et vin rouge, accompagnée de légumes anciens aux éclats de noisettes (16 €) ou ce "bowl of hope" mêlant riz semi-complet, patates douces rôties à la coco et suprêmes de pamplemousse dans une sauce coriandre-citron vert (15 €). La promesse gastronomique est tenue avec simplicité jusqu'aux desserts avec, par exemple, un moelleux au chocolat au cœur praliné et crème vanille (7,50 €). Décidément, cette "maison des mangeurs de plantes" est désormais aussi la nôtre.

Kitchen

74, rue des Gravilliers, 3e • M° Réaumur-Sébastopol ou Arts-et-Métiers
Tél. 09 52 55 11 66

Ouvert du lundi au vendredi de 8h à 15h, le week-end de 8h à 16h

De 10 € à 14 € à la carte

kitchenparis.com

NEW YORK, NEW YORK • C'est à la foule que vous apercevrez derrière les vitres de la discrète devanture blanche que vous saurez que vous y êtes. Où ? Devant la cuisine fondée en 2009 par Mark Grossman, le plus parisien des New-Yorkais. D'ailleurs, il y a quelque chose de Brooklyn dans cette joyeuse petite cantine où, comme dans n'importe quelle cuisine, s'entreposent les cageots de fruits et légumes. Le menu (100 % veggie, à l'exception d'un bagel au saumon fumé) est à même le mur. Smoothie, soupe, salade, chaque type de plat a sa proposition quotidienne. Ce midi-là, c'était smoothie mangue-banane (6 €), bagel houmous, carottes grillées et pickles (8 €) et veggie stew complet œuf et avocat (14 €). C'est frais, sain et surtout très bon. Et on ne vous parle même pas des cookies matcha aux pépites de chocolat tout juste sortis du four...

Friendly

Le Potager du Marais

24, rue Rambuteau, 3e • M° Rambuteau • Tél. 01 57 40 98 57

Ouvert lundi de 19h à 22h30, du mercredi au dimanche de midi à 15h et de 19h à 22h30

Entrées autour de 8 €, plats autour de 17 €

lepotagerdumarais.fr

OLD SCHOOL • Presque aussi connu que le Centre Pompidou voisin, ce restaurant végétarien, qui a vu le jour il y a quinze ans, est désormais complètement vegan. L'établissement s'est visiblement fait une réputation à l'étranger puisque les Anglo-Saxons viennent ici en nombre… sans prendre au dépourvu les serveurs, eux aussi anglophones pour la plupart. Lasagnes aux épinards et aux éclats de noix gratinées au "fromage", légumes farcis, bourguignon de seitan, poêlée de légumes au tofu fumé… la cuisine mise sur les classiques, toujours exécutés avec soin. Le même esprit "tradition française" règne au rayon desserts, entre la tarte Tatin, la mousse au chocolat et la crème brûlée aux abricots, à 8,50 € tout de même.

Love Juice Bar

26, rue Chapon, 3e • M° Arts-et-Métiers
Tél. 01 73 73 22 24

Ouvert du lundi au vendredi de 9h à 17h, le week-end de 10h à 18h

Bowl à 10 €

Facebook : Love Juice Bar Paris et ilovejuicebar.com

OVER THE RAINBOW • Voici une adresse rare comme une licorne où tout est vegan et bio, mais aussi raw, c'est-à-dire cru – exception faite du toast à l'avocat. Baies de goji, matcha, graines de chia... dans ce bar à jus/cantine de poche, les smoothies, préparés sous vos yeux, sont gorgés de super-aliments, mais ils n'ont pas oublié d'être délicieux pour autant. Le clou de la maison est cependant le "bowl" : la pulpe d'une banane congelée mixée que l'on choisit d'agrémenter d'açai, de matcha ou encore de caramel salé, avant que le tout soit parsemé de myrtilles, de chips de coco et de pépites de cacao. Le résultat fait son petit effet, dans le bol et dans la bouche. Et dire qu'avant de pousser la porte, on ne comprenait pas pourquoi tant de monde avait l'air de vouloir tenir à tout prix dans un si petit endroit.

Riz Riz

221, rue Saint-Martin, 3e • M° Arts-et-Métiers ou Étienne-Marcel
Tél. 01 83 89 39 70

Ouvert du lundi au vendredi de 11h30 à 15h, le samedi de midi à 16h,
du jeudi au samedi de 19h à 23h

Plats autour de 13 €

riz-riz.com

RIEUR • Présent dans toutes les cuisines du monde, le riz reste une céréale peu explorée. C'est chose faite avec ce restaurant, au cadre végétal et poétique. Des onigiris aux deux pestos au curry thaï, en passant par une blanquette de légumes et des vermicelles de riz en bouillon... le riz est bien la vedette de la carte avec des recettes traditionnelles réinterprétées tout en finesse. S'il y a bien un subtil riz au lait coco-vanille en dessert, le chef a su éviter de tomber dans le piège du concept, en proposant également une gelée poire-yuzu ou encore un banana bread. Si vous hésitez, optez pour le café gourmand, qui offre un aperçu idéal de ces douceurs.

Friendly

The Mexican Standoff

9, rue aux Ours, 3e • M° Étienne-Marcel ou Rambuteau
Tél. 06 23 15 41 01

Ouvert uniquement le jeudi soir de 19h à 22h30

Formules à 9,90 € et 16,90 €

Facebook : The Mexican Standoff

AÏE CARAMBA • Chaque jeudi soir, c'est le même rituel : l'équipe de The Mexican Standoff (comprenez "L'impasse mexicaine") s'installe 9, rue aux Ours… à l'intérieur du restaurant Vert Midi, lequel a fermé ses portes quelques heures plus tôt, après le service de midi. C'est ce que l'on appelle un pop-up restaurant, un restaurant éphémère si vous préférez. Celui-ci étant à la fois vegan et mexicain, c'est l'occasion ou jamais de se jeter sur les tacos, burritos et chips tortillas faits maison, tout en dégustant une Corona ou une margarita. Le programme de la soirée ? Il tient en quelques mots : "Cause chaos, eat tacos" ("Engendrez le chaos, mangez des tacos"). La voilà, l'ambiance festive et latino qui nous manquait !

VegEateria

47, rue de Turbigo, 3e • M° Arts-et-Métiers • Tél. 09 83 00 59 26

Ouvert du lundi au vendredi de midi à 15h et de 19h à 23h

Plats autour de 13 €

vegeateria.fr

ANNEXE VÉGÉTALE • Quasiment en haut des marches du métro “Arts-et-M”, ce restaurant tout en vitres a des faux airs de véranda, tendance bistrot tout de même. Si l’endroit est plus compact, et l’ambiance plus décontractée, les habitués de Végét’Halles (voir p. 15) reconnaîtront la carte : la même équipe est derrière les deux établissements. On commande donc les yeux fermés un bento vegan et sans gluten, une escalope de seitan à la sauce aux champignons, ou encore, comme là-bas, un croustille burger avec son steak de soja pané et sa véganaise. Gâteau chocolat-banane, crème chocolat-noisettes… les options vegan sont nombreuses, y compris pour les desserts. Une cuisine familière, mais dans un cadre nouveau… n’est-ce pas ce que l’on était venu chercher ?

Wild & the Moon

> 55, rue Charlot, 3e • M° Arts-et-Métiers • Tél. 01 86 95 40 44
Ouvert du lundi au vendredi de 8h à 22h30, le week-end de 9h à 22h30

> 25, rue des Gravilliers, 3e • M° Arts-et-Métiers • Tél. 01 86 95 40 45
Ouvert du lundi au samedi de 9h à 20h, dimanche de 10h à 18h

12 € le plat chaud du jour, 11 € le super bowl

wildandthemoon.fr

COSMIQUE • Bio, sans gluten, sans soja, sans produits laitiers, sans OGM, sans sucre, sans additifs, sans graisses hydrogénées... Vous pensiez que trouver une adresse où snacks et boissons combineraient absolument toutes les options saines imaginables revenait à demander la lune ? Eh bien, la voici. Dans un cadre brut adouci de touches végétales, on peut déguster ici des petits plats bons pour notre santé et pour la planète (tout est préparé à partir de produits locaux), comme ce délicieux taboulé de chou-fleur, nut-cheese pimenté, concombre, amandes grillées, persil, menthe, grenade (11 €). Les jus sont pressés à froid, les laits végétaux sont faits maison, les super-aliments sont partout et le menu a été conçu avec des naturopathes. Rendez-vous ici en cas de fin du monde ?

Café Ginger

9, rue Jacques-Cœur, 4e • M° Bastille • Tél. 01 42 72 43 83

Ouvert du mardi au dimanche de 12h30 à 15h,
du jeudi au dimanche de 19h30 à 22h30

Formule à 14,50 €

Facebook : Café Ginger

1001 TARTES • Tout près – et en même temps si loin – de l'effervescence de la place de la Bastille, ce petit resto à la devanture verte a quelque chose d'attachant. Edward et Daniela y sont pour beaucoup. Lui est anglais, elle chilienne. Il accueille, fait le service et concocte une renversante citronnade gingembre-cardamome, tandis qu'elle cuisine les tartes comme personne. Aux potimarrons, aux patates douces ou à l'avocat-cajou (crue, celle-ci), les tartes sont le plat emblématique de la maison. Évidemment, il y a aussi de la soupe et toutes sortes de salades de pommes de terre, de quinoa ou de riz rouge... Comme toutes les bonnes adresses, c'est souvent bondé, mais l'ambiance y est d'autant plus chaleureuse, voire un peu bruyante.

Friendly

Crêperie de la Joie

4, rue du Fer-à-Moulin, 5e • M° Censier-Daubenton ou Gare-d'Austerlitz
Tél. 01 47 07 84 04

Ouvert du mardi au vendredi de midi à 15h, jeudi et vendredi de 19h à 22h, samedi de midi à 22h

Formules à 13 € et 18 €

crepedelajoie-restaurant.fr

AU PETIT BONHEUR • À deux pas du Jardin des Plantes, cette chaleureuse crêperie est un trésor caché. Aux fourneaux, la lumineuse Agnès prépare des galettes à base de farine bio de sarrasin, et des crêpes à base de farine d'épeautre non hybridée qu'elle fait venir spécialement d'Allemagne. Si vous prenez le temps de discuter avec elle, Agnès vous racontera sûrement que le nom de sa crêperie est un hommage à la religieuse mystique du XIIe siècle Hildegarde de Bingen qui voyait dans l'épeautre un aliment de la joie. Après une galette de "lutin héroïque" tofu, carottes, coulis de tomate, origan et une crêpe de "fée étonnante" à la confiture d'orange amère et à la fleur d'oranger, on se dit qu'elle était pleine de sagesse cette Hildegarde...

Friendly

Krishna Bhavan

25, rue Galande, 5e • M° Saint-Michel ou Maubert-Mutualité
Tél. 01 43 29 87 93

Ouvert tous les jours (sauf le mardi) de 11h30 à 23h

15 € environ à la carte

krishna-bhavan.com

HINDOUSTAN • Loin de son adresse mère située dans le quartier indien entre la Gare du Nord et La Chapelle, dans le 10e arrondissement, Krishna Bhavan a choisi le cœur du Quartier latin pour implanter ce nouvel établissement. On y retrouve les mêmes couleurs vives, tant sur les murs que dans les assiettes, même si ici la carte est un tout petit peu moins fournie. Chapati, naan, curry ou biryani... les amoureux de la cuisine du nord de l'Inde seront servis. Pour finir sur une note sucrée, vous pouvez vous laisser tenter par un payasam, ce dessert laiteux au tapioca parfumé à la cardamome. Alors, l'avez-vous atteint ? Mais si, vous savez bien, le fameux équilibre entre aigre, salé, amer, piquant, astringent et doux.

Le Grenier de Notre-Dame

18, rue de la Bûcherie, 5e • M° Saint-Michel ou Maubert-Mutualité
Tél. 01 43 29 98 29

Ouvert tous les jours de midi à 23h

18 € environ à la carte

legrenierdenotredame.fr

HISTORIQUE • C'est là, entre le boulevard Saint-Germain et la Seine, dans l'une des plus anciennes rues de la Rive gauche, qu'a vu le jour, en 1978, le tout premier restaurant végétarien de Paris. Initialement macrobiotique – le grenier étant l'endroit où étaient entreposées les céréales, clé de voûte de ce régime –, la cuisine est désormais végétarienne, avec une belle offre vegan. "Mugi miso" de soja et d'orge, copieuses salades (à 17,60 € tout de même), couscous, escalope de seitan, mais aussi assiette berbère ou encore polenta gratinée, la carte explore tous les horizons. En force, la clientèle étrangère semble apprécier. Lorsqu'il vivait à Paris à la fin des années 1980, le chanteur Moby était un adepte de leur cassoulet. Depuis, il cite toujours le restaurant comme l'un de ses préférés au monde. La nostalgie de sa jeunesse, sans doute.

Friendly AB

Maoz

> 8, rue Xavier-Privas, 5ᵉ • M° Saint-Michel • Tél. 01 43 26 36 00

> 36, rue Saint-André-des-Arts, 6ᵉ • M° Saint-Michel ou Odéon
Tél. 01 46 33 87 19

Ouvert tous les jours de midi à 23h, du jeudi au samedi jusqu'à 2h du matin

Menu à 8,50 €

maozusa.com/restaurants/locations/paris

PITA PARTY • Née à Amsterdam mais d'inspiration orientale, cette chaîne de restauration rapide végétarienne a conquis l'Europe avant de faire fureur aux États-Unis. Avec deux échoppes en plein Quartier latin, les Parisiens sont gâtés. Mêlés à une salade ou en garniture des pitas, les falafels (du jour) sont partout : la cuisine n'est pas israélienne pour rien. Au pain blanc ou complet, votre pita est prêt à accueillir tomates, aubergines, concombres, houmous, cornichons et autres pickles frais et variés. Garniture et sauce sont à volonté... dans la limite, tout de même, du remplissage de votre sandwich. Frites, taboulé et couscous de légumes sont également à la carte. On se régale sur place sur un bout de table en s'amusant de voir défiler tant de non-végétariens.

Friendly

Pema Thang

13, rue de la Montagne-Sainte-Geneviève, 5e • M° Maubert-Mutualité
Tél. 01 56 81 10 44

Ouvert du lundi au samedi de 12h30 à 15h et de 19h à 22h30

Menus à 16 € et 20 €

Facebook : Tibetan Vegetarian Restaurant Pemathang

LHASSA ICI • Deux sœurs en exil, Namgyal Lhamo et Chukie Tethong, ont ouvert cette petite table tibétaine dans le quartier du Panthéon au début des années 1990. Un "champ de lotus" – la signification de Pema Thang – qui semble être resté un secret bien gardé entre initiés à la culture tibétaine. Devenue complètement végétarienne il y a quelques années, la carte offre de nombreuses options vegan. On part à la découverte d'une cuisine raffinée, à la croisée des saveurs chinoises et indiennes. Les momoks, délicieux petits chaussons fourrés aux légumes, et le curry de soja chunks sont des valeurs sûres. Au mur, un portrait du dalaï-lama, le regard bienveillant, reflète bien l'ambiance : chaleureuse.

Friendly

Vegan Folie's

53, rue Mouffetard, 5e • M° Place-Monge • Tél. 01 43 37 21 89

Ouvert du mardi au dimanche de 11h à 19h

Cupcake à 4 €

veganfolies.fr

DE LA DOUCEUR • La pâtisserie vegan creuse son sillon à Paris, mais cette adresse fait figure de pionnière. La spécialité de la maison ? Les cupcakes, ces petits gâteaux typiquement américains que l'on croirait destinés aux poupées. Très girly avec leur chantilly pastel saupoudrée d'or ou de paillettes, ils se déclinent ici à la fleur d'oranger, rose et amande, à l'ananas et framboise ou encore aux poires, pépites de chocolat et caramel. C'est doux et aérien comme un avant-goût de paradis. Une autre pâtisserie venue des USA est aussi bien représentée ici : le cheesecake. À la vanille et aux framboises, à l'amande et au chocolat, ou encore à la noisette et au chocolat blanc, il est, en tout cas, toujours sans gluten. On vous a dit qu'il y avait possibilité de grignoter un sandwich, une quiche ou une soupe ? Voilà qui est fait, mais on ne va pas se mentir, c'est pour le sucré qu'on était venu.

World Food Barn

248, rue Saint-Jacques, 5e • M° Place-Monge ou RER Luxembourg
Tél. 01 42 49 89 24

Ouvert du mardi au samedi de 11h à 18h

12,50 € le bowl du jour

worldfoodbarn.com

INSPIRANT • Chef cuisinier depuis trente ans, Michael, qui a grandi dans la banlieue de San Francisco, a décidé d'ouvrir cette petite "grange" près du jardin du Luxembourg après avoir eu une révélation à Bali dans un restaurant entièrement vegan et raw (c'est-à-dire cru). Son enthousiasme est communicatif lorsqu'il évoque, avec son reste d'accent américain, sa passion pour la "good food". Pas de carte à rallonge ici : tout est préparé minute. Le houmous aux pois chiches germés et les crackers crus sont mémorables. Mais le plat signature de Michael est "le bowl", dont la composition change chaque jour. Ce midi-là, c'était le "a little sun bowl" mêlant des courges de Nice dorées au four, du riz rouge, des lentilles vertes, des chips de kale et diverses crudités. En attendant votre plat, jetez donc un œil sur les étagères : oui, c'est bien une petite librairie vegan.

Apéti

72, rue du Cherche-Midi, 6e • M° Rennes, Vaneau ou Saint-Placide
Tél. 01 43 22 17 98

Ouvert du mardi au samedi de midi à 17h30, brunch dimanche et lundi de midi à 16h

Menu entrée-plat ou plat-dessert à 19 €

apeti.fr

SIMPLICITÉ CHIC • À deux pas du Bon Marché, cette cantine est tout ce qu'il y a d'accueillant avec sa cuisine ouverte et ses tables en bois blond. Côté cuisine, Hugues, le gérant, venu de l'univers du luxe, n'a pas fait les choses à moitié : après avoir acquis une parcelle dans l'Essonne pour y faire pousser des variétés de légumes oubliés – bio s'il vous plaît –, il a fait appel à la chef Thuy-Ha Bui, bien connue des amateurs de cuisine végétale après ses passages chez Pousse Pousse et 5 Lorette. Résultat dans l'assiette : des produits bruts et de qualité, subtilement travaillés et assaisonnés, comme ces spaghettis de légumes racines accompagnés de makis du jardin et de chips et crème de légumes. Quartier oblige, les prix sont un peu élevés, mais tant qu'on est là, autant aller jusqu'au bout de l'expérience en savourant le cheesecake cru au citron.

Hot Vog

10, rue Vavin, 6e • M° Notre-Dame-des-Champs, Vavin ou Saint-Placide
Tél. 01 42 49 36 69

Ouvert du lundi au vendredi de 11h à 21h, le week-end de 10h à 19h

Hot dog à partir de 4,90 €

Facebook : HOT VOG

LA VAGUE EN VOGUE • Avec la folie des buddha bowls, on oublierait presque l'autre tendance vegan du moment, davantage street-food celle-là : le hot dog. À chaque berge de la Seine, son adresse : Le Tricycle, pour la Rive droite (voir p. 68), et Hot Vog, pour la Rive gauche. L'échoppe est petite, mais elle se repère facilement avec ses dessins naïfs et colorés sur la vitrine. La garniture du best-seller de la maison ? Une saucisse seitan ou soja, accompagnée de cornichons et d'oignons frits, le tout nappé, bien sûr, de moutarde et de ketchup. Voilà, il ne reste plus qu'à trouver le chemin du jardin du Luxembourg, tout proche, pour déguster notre petit pique-nique… si on ne l'a pas fini avant d'arriver à destination.

Paradis Marguerite

27-29, quai des Grands-Augustins, 6ᵉ • M° Saint-Michel ou Odéon
Tél. 01 85 15 25 50

Ouvert tous les jours de 11h30 à 22h
(interruption le mardi et le dimanche de 15h à 18h)

Plats autour de 15 €

paradismarguerite.fr

LA VACHE ! • Une terrasse avec vue sur Notre-Dame de Paris, une salle tout en lumière avec des tables jaunes et des plantes suspendues, et une autre, au fond, plus rustique. Il y a toutes les ambiances que vous voulez, chez Paradis Marguerite. Le même éclectisme règne côté cuisine où la salade de quinoa avocat, grenade et ananas à la menthe côtoie kebab, veggie burger, chili sin carne et risotto forestier au parmesan, champignons de Paris et huile de truffe blanche. Détails qui font la différence : les jus sont pressés à froid et les limonades (orange et fleur d'oranger ou citron et pamplemousse, par exemple) sont maison. Trêve de bavardages, il faut que l'on se cale une date pour le brunch (22,50 €).

Friendly

Sense.eat

39, rue Mazarine, 6ᵉ • M° Odéon ou Mabillon • Tél. 01 46 34 54 71

Ouvert tous les jours de midi à 15h et de 18h30 à 23h

Plats à 23 €

senseeat.fr

VEGETARIANO VERO • Au cœur de Saint-Germain-des-Prés, cet agréable restaurant italien de 60 couverts n'a pas toujours été végétarien. Mais quand, après des soucis de santé, Enrico, le restaurateur originaire du Piémont, a commencé à s'intéresser à la cuisine veggie, son établissement a naturellement suivi. Le chef, italien lui aussi, est passé par un restaurant étoilé, d'où ces plats fins et élaborés, comme ce risotto yuzu et gingembre, olives taggiasche et fromage de chèvre parfumé au chocolat blanc, ou ces gnocchis maison à l'ail fermenté, crème de chou noir de Toscane et tartare d'artichauts au trèfle et au citron d'Amalfi. En dessert, l'incontournable tiramisu *al caffè* est bien là, mais les aventureux opteront pour la *barbabietola*, un damier de betteraves rouges au sirop d'hibiscus, nougatine au sésame et glace au chocolat blanc. *È buono!*

Friendly

La Verrière

24, avenue de Tourville, 7e • M° École-Militaire ou La-Tour-Maubourg
Tél. 01 77 18 39 16

Ouvert du lundi au vendredi de midi à 21h30

Environ 12 € l'assiette

la-verriere.fr

VÉRANDA INSPIRANTE • Entre l'espace santé bien-être (ostéopathie, sauna japonais, etc.), la galerie d'art contemporain et la restauration végétarienne, cet établissement atypique – sous une verrière, vous l'aurez compris – n'a pas choisi. Dans un arrondissement truffé de brasseries guindées, le concept détonne : le buffet est en self-service et c'est à chacun de se composer un repas varié mêlant du froid, du chaud, du croquant et de l'onctueux. Beignets de légumes, caviar d'aubergine, salade de betteraves au gingembre, seitan aux champignons... Attention à ne pas vous emballer tout de même, car ici on paye au poids – 29 € le kilo, soit 12 € l'assiette environ. Les petits appétits apprécieront et y verront sûrement une raison de plus de craquer pour le flan coco.

Friendly

Veggie

38, rue de Verneuil, 7e • M° Rue-du-Bac ou Solférino
Tél. 01 42 61 28 61

Ouvert du lundi au vendredi de midi à 15h

Plats à 15 € sur place ou 9 € à emporter

BASIQUE • Dans le quartier de Serge Gainsbourg désormais envahi par les antiquaires, ce resto/épicerie tranche avec son look austère. Potages, tartes aux légumes, salades de crudités, la carte se la joue classique. Le plat du jour non plus ne sort pas des sentiers battus et vous vous verrez proposer tour à tour couscous, gratin ou encore des pâtes, du quinoa ou du boulghour flanqués de leur assortiment de légumes. C'est ce que l'on appelle de la cuisine familiale. Les prix sont un peu élevés, on va dire que c'est le quartier et l'offre 100 % bio. Côté boissons, un bon point pour les jus de fruits et légumes, tout à fait exquis (6,50 €). En résumé : une adresse qui dépanne lorsque l'on est de sortie dans les environs du musée d'Orsay.

Friendly AB

42 Degrés

109, rue du Faubourg-Poissonnière, 9e • M° Poissonnière
Tél. 09 73 65 77 88

Ouvert du lundi au samedi de midi à 14h30 et de 19h à 22h30, brunch le dimanche de midi à 16h

Formule déjeuner entrée-plat ou plat-dessert à 16 €

42degres.com

CRUDIVORE, ON ADORE • La bistronomie raw vegan à Paris, c'est ici. Voilà l'ambition, clairement revendiquée, de ce restaurant étonnant. Au menu, du cru donc, mais aussi du germé, du fermenté et du déshydraté, à 42 °C, pas plus, vous l'aurez compris. En dégustant, au gré des propositions du jour, un parmentier de panais aux pleurotes ou des lasagnes de courge musquée aux petits légumes, sauce maltée, on est bousculé et emballé. Le terme de bistronomie n'est pas usurpé : les textures sont travaillées, les saveurs choisies... et les prix haut de gamme (42 € le menu gourmand, tout de même). Mais avez-vous déjà eu l'occasion de goûter ailleurs des ravioles de patate douce, mangue et kiwi ?

Fraîche Family

15, rue Manuel, 9e • M° Saint-Georges ou Pigalle
Tél. 06 27 99 90 21

Ouvert du lundi au vendredi de 11h30 à 14h30

Salades à moins de 8 €

Facebook : Fraîche Family

VERT CONCOMBRE • En apparence, c'est un snack comme on en trouve à presque tous les coins de rue de ce quartier de bureaux, où tout le monde est de sortie à la pause déjeuner. Mais ce bar à salades, tout en blanc et vert tendre, est 100 % vegan. Ce serait d'ailleurs le tout premier à Paris, selon Brigitte, la gérante. Tomates confites, pois chiches, aubergines, carottes râpées, radis roses… mais aussi tofu fumé et fromage végétal, tous les ingrédients sont ultra-frais et la sauce soja-sésame est délicieuse. On repart avec une mousse au chocolat dont les non-initiés à la cuisine végétalienne tenteront de percer le mystère : par quelle magie rivalise-t-on avec une mousse traditionnelle, sans utiliser d'œufs en neige ?

Vegga Bio

LES TRAITEURS VÉGÉTARIENS

Vous organisez bientôt une fête d'anniversaire ou un mariage et vous voulez un buffet vegan ? Voici deux adresses hautement recommandables.

VEGGA BIO

Tél. 06 60 93 20 55
veggabio@gmail.com
40 € par personne le cocktail dînatoire, à partir de 20 € par personne le panier-repas
Facebook : Vegga Bio et vegga-bio.com

Fête en vue • Passé par une école hôtelière et formé en phytothérapie et en macrobiotique, l'iconoclaste chef Sébastien Briant propose une cuisine 100 % bio et végétale, pleine de fraîcheur, avec le zeste d'originalité qui va bien. Salade aux algues citronnée, caviar végétal, crumble aux herbes sur légumes de saison... ses verrines sont aussi raffinées qu'esthétiques. Le service a d'ailleurs les faveurs de Chanel, Louis Vuitton, l'Association végétarienne de France ou encore Greenpeace, pour ne citer qu'eux. Des livraisons de paniers-repas sont possibles à partir de 15 personnes. Au menu, par exemple : parmentier à la sauce moutarde, et crème soyeuse au chocolat noir avec éclats de noix de pécan. C'est quand l'anniversaire de Simon, déjà ?

SUUUSHIII

Tél. 06 67 98 77 19
suuushiii.com@gmail.com
À partir de 30 personnes, environ 2 € la pièce
Facebook : Suuushiii.com Les sushis 100% vegan

Sushi party • L'idée de ce "wonder traiteur" est née lors d'une soirée d'anniversaire : pour ses 30 ans, Bénédicte avait préparé tout un buffet... mais ce sont ses sushis vegan qui ont fait un malheur, y compris auprès de ses invités non-végétariens. Il faut dire que l'on est loin des sempiternels makis concombre-avocat, jugez plutôt : california rolls aux patates douces rôties aux épices, émincé de protéines de soja toasté, coriandre fraîche et graines de sésames noir et blanc, makis roquette, tomates confites et purée de piment, sushis au riz rose parfumé au jus de betterave ou encore rouleaux de printemps aux graines germées, nouilles de riz, concombre, carottes, protéines de soja, menthe et oignons frits... Vos invités vont en avoir plein les papilles et les pupilles.

Juicy & Tasty

78, rue La-Fayette, 9e • M° Poissonnière ou Cadet • Tél. 09 84 28 80 02

Ouvert du lundi au vendredi de midi à 22h, samedi de 12h30 à 19h

Wrap dog à 7 €, bowl à 8 €

Facebook : Juicy & Tasty et juicyandtasty.fr

PAS À PAS • L'évolution de cette petite cantine qui joue aussi dans la catégorie bar à jus est spectaculaire : il y a quelques années, on servait ici de la viande et du poisson, puis l'établissement est devenu végétarien avant de passer, tout récemment, le cap du véganisme. Une démarche sincère qui reflète tout simplement la prise de conscience progressive de Mamoun, le gérant, devenu lui-même végétarien puis végan. Le wrap est un incontournable de la maison qui semble pouvoir être décliné à l'infini grâce aux différentes recettes proposées (oriental, farmer, Saigon, etc.) et aux suppléments (grenade, spiruline, etc.). Les ingrédients sont frais et variés, et le résultat est à la fois léger et copieux. La prochaine fois que l'on repasse dans le quartier, on reviendra, c'est sûr.

Laélo

63, rue du Faubourg-Poissonnière, 9e • M° Poissonnière, Cadet ou Grands-Boulevards • Tél. 01 42 29 85 29

Ouvert tous les jours de 8h à 20h

Facebook : Laélo

SPOT AU TOP • Sur la lettre “o” de l’enseigne Laélo est dessiné un rouge-gorge. On l’imagine très bien faire son nid dans un endroit comme celui-ci, où tout est bio (jusqu’aux peintures sur les murs !) et vegan. Sous ses airs de simple cantine, la cuisine servie ici est plus gourmande qu’ailleurs : le chef, passé du côté vegan, a fait ses armes dans la cuisine traditionnelle. Curry de “poulet”, “fish” and chips, couscous “merguez”, bo bun et même sandwich “jambon-fromage”, la carte change chaque jour. Mention spéciale aux pâtisseries : toutes sans sucre et sans gluten, elles tiennent leurs promesses, comme ce praliné citron sur une base de pain d’épices (avec du sirop d’érable à la place du miel). Sur le mur, il y a un écureuil qui rêverait d’en récupérer une miette.

La Palanche d'Âulac

13, rue Rodier, 9e • M° Saint-Georges, Cadet ou Poissonnière
Tél. 09 80 63 83 69

Ouvert du vendredi au mardi de midi à 15h et de 18h30 à 22h30

Bo bun à 9,50 €

lapalanchedaulac.fr

SUR LA ROUTE D'HANOÏ • Si vous avez voyagé au Viêtnam, pays appelé Âu Lac il y a fort longtemps, vous avez forcément croisé à la campagne, sur le bord des routes, ces femmes et ces hommes portant deux paniers remplis de provisions, suspendus à chaque extrémité d'une longue tige de bois, une palanche… Voilà qui vous donne une idée de ce qui vous attend dans ce restaurant tout en simplicité : de la cuisine vietnamienne fine et délicate à base de produits frais et de saison. Comme pour toutes les bonnes adresses où tout est fait maison, la carte est concise : phô, bo bun, viande végétale lôc lac à la tomate, brochettes au saté, citron vert ou feuilles de poivrier… Ce sont tous les parfums du Viêtnam qui ont rendez-vous dans votre assiette.

Le Centre Tout Naturellement

83 bis, rue La-Fayette, 9e • M° Poissonnière ou Cadet • Tél. 01 42 85 70 58

Restauration du lundi au vendredi à partir de 13h

Menu unique à 10 €

lecentrenaturo.com

IN CORPORE SANO • Dans ce centre dédié au bien-être (sauna, yoga, etc.) et à la naturopathie, la restauration n'est pas le métier premier. Chaque jour de la semaine, pourtant, est proposé un repas végétalien, bio et naturo composé d'une crudité, d'une soupe et d'un plat de légumes vapeur accompagné de féculents sans gluten ou de protéines végétales. Ce jour-là, il y avait au menu une salade de carottes, une soupe de lentilles et un plat à base de potimarron et de poireaux agrémenté de sarrasin. On savoure cette cuisine simple en faisant table commune avec les habitués du centre ou les salariés du quartier en pause déjeuner. Les amateurs de sucré devront se faire une raison : selon les principes de la naturopathie, pris en fin de repas, les desserts surchargent l'estomac...

Friendly

Le Potager de Charlotte

12, rue de la Tour-d'Auvergne, 9ᵉ • M° Saint-Georges, Poissonnière ou Anvers
Tél. 01 44 65 09 63

Ouvert du mercredi au samedi de 19h à 22h30, vendredi et samedi de midi à 14h30, dimanche de 11h à 15h

Plats autour de 14 €

lepotagerdecharlotte.fr

JARDIN D'ÉDEN • Il était une fois deux frères, David et Adrien, qui vivaient à Nîmes, où leur père tenait un hôtel. L'un est devenu chef cuisinier, l'autre naturopathe, et tous deux ont opté pour le véganisme. C'est ainsi qu'est né ce restaurant cosy dont le nom est un clin d'œil au prénom aux accents pâtissiers de leur mère. Une jolie histoire de famille qui ouvre l'appétit. En entrée, le demi-avocat qui joue les œufs durs, avec un cœur rempli de houmous au curcuma, vaut le coup d'œil… et de fourchette. La suite est à la hauteur, comme cette crêpe de riz et pois chiches avec sa crème de cajou aux fines herbes et piment d'Espelette, ou cette panna cotta au lait de coco, coulis de mangue, zeste de citron vert et framboise. Décidément, végétal rime avec régal.

Otium

56, rue de La Rochefoucauld, 9e • M° Pigalle ou Saint-Georges
Tél. 01 72 38 86 81

Ouvert mardi de 11h30 à 17h30, mercredi et jeudi de 11h30 à 17h, vendredi et samedi de 11h30 à 17h et de 19h à 23h

Menu à 14 €

otiumcoldpress.com

HEALTHY CHIC • Sont-ce les bustes style antique disposés çà et là, ou ce nom latin intraduisible – Otium – qui désigne l'oisiveté vertueuse, le temps libre ? Toujours est-il qu'il se dégage de cette adresse, que l'on n'ose appeler cantine, quelque chose de raffiné et d'un peu glamour. Fruits pressés à froid, soupe, sandwich ou bol vegan du jour (houmous de lentilles corail, quinoa rouge, kale, pomme verte, patates douces rôties au zaatar et au chili, oranges sanguines et noix de cajou, par exemple), banana bread ou carrot cake… il y a ici tout ce qu'il faut pour passer un moment hors du temps, qu'il soit l'heure du petit-déjeuner, du déjeuner ou du thé… matcha et de chez Tiosk, cela va sans dire.

PH7

> 21, rue Le-Peletier, 9e • M° Le-Peletier ou Richelieu-Drouot • Tél. 09 83 87 95 95

> 21, boulevard du Temple, 3e • M° République ou Oberkampf • Tél. 09 83 05 02 88

Ouvert du lundi au samedi de 11h à 15h

Plats autour de 12 €

monph7.com

ALCHIMIE • Vous vous souvenez de vos cours de chimie au collège ? Le potentiel hydrogène (PH), qui mesure l'acidité ou l'alcalinité d'un milieu, est compris entre 0 et 14, le PH7 étant l'équilibre parfait entre les acides et les basiques. Ce fameux PH7, c'est exactement ce que cette cantine aux murs fleuris compte nous aider à atteindre pour permettre à notre organisme de fonctionner au mieux. Les assiettes sont des mezze colorés qui convoquent crudités, céréales, légumineuses et compotées de légumes de saison. Évidemment, c'est bio, et le local est privilégié. Les desserts sont sans lactose ni gluten, alors pourquoi se priver de cette panna cotta aux fruits rouges ou de cette mousse au chocolat noir ?

Friendly

So Nat

5, rue Bourdaloue, 9e • M° Notre-Dame-de-Lorette ou Saint-Georges
Tél. 01 77 18 96 52

Ouvert du lundi au vendredi de 11h30 à 15h, samedi de midi à 15h

Menu entrée-plat ou plat-dessert à 10 €

Facebook : SO NAT

NIRVANESQUE • Cela n'a pas pu vous échapper : après la folie du burger végétarien, voici dans toutes les cantines tendance, celle du buddha bowl, ce plat sain, complet… et photogénique. Mais toutes les adresses ne se valent pas, et s'il fallait n'en choisir qu'une, ce serait celle-là, car la maison en a fait sa spécialité. Mêlant céréales, légumineuses, légumes et graines, la composition des bols – tous vegan – change tous les trois mois pour suivre les saisons. Ce jour-là, le bowl tofu tout fou mariait ainsi pickles de fenouil, banane plantain, tomates à la coriandre, patates douces rôties, tofu au poivre, haricots noirs, quinoa aux herbes et sauce épicée pour un festival de textures et de goûts. Visiblement, le secret est bien partagé : on dirait que tout le quartier s'est donné le mot pour venir déjeuner ici.

Friendly

Yem'a

41, rue Godot-de-Mauroy, 9e • M° Havre-Caumartin, Auber ou Madeleine
Tél. 01 42 94 07 73

Ouvert du lundi au samedi de 11h à 16h

Menu déjeuner à 9,50 €

yemafood.com

HEALTHY & HAPPY • C'est une maison bleue accrochée à la rue Godot-de-Mauroy, une petite cantine qui respire la bonne humeur. Ici, la spécialité est le bowl, que l'on compose soi-même en sélectionnant jusqu'à quatre recettes différentes. Quinoa façon tajine aux carottes, épinards et noisettes, salade de betteraves aux figues et aux noix, crème de lentilles corail, guacamole, curry de carottes, gratin de pois chiches, etc. Comme toutes les préparations sont sous nos yeux, le choix est facile... ou pas ! Tout est vegan mais, attention, la vinaigrette contient du miel. L'ensemble de la cuisine, y compris le pain, est sans gluten. Granola maison avec yaourt de soja, carrot cake et matcha latte sont autant d'arguments pour revenir au goûter.

Bob's Juice Bar

15, rue Lucien-Sampaix, 10e • M° Jacques-Bonsergent
Tél. 09 50 06 36 18

Ouvert du lundi au vendredi de 8h à 15h, samedi de 8h30 à 16h

15 € à la carte

bobsjuicebar.com

BORN IN THE USA • À New York, on les trouvait depuis longtemps à tous les coins de rue. Mais à Paris, en 2006, quand l'*american citizen* Marc Grossman ouvre ce bar à jus, c'est du jamais vu, et le succès est immédiat. Le concept en a, depuis, inspiré d'autres. Ce juice bar est tout de même un peu plus qu'un bar à jus. Bien sûr, on peut y boire de délicieux smoothies (5 €), mais aussi y déjeuner sur le pouce, à la new-yorkaise donc : bagel cream cheese, tomates confites, avocat et pickles, futomakis vegan à la mangue et à l'avocat (4 €), etc. De la petite cuisine rapide, fraîche, minimaliste et riche en fruits et légumes, bref de la *healthy food*, comme disent les Américains.

Friendly

Bodhi Vegan

23, avenue Claude-Vellefaux, 10e • M° Colonel-Fabien • Tél. 01 42 85 33 87

Ouvert du lundi au samedi de 11h30 à 14h30 et de 18h30 à 22h30, dimanche de 18h30 à 20h30

15 € à la carte, plats autour de 8 €

Facebook : Bodhi Vegan

RÉVÉLATION • Après avoir longtemps médité, c'est sous un arbre que le bouddha connaîtrait le "bodhi", c'est-à-dire l'éveil, l'illumination, la délivrance. C'est avec cette promesse en tête que l'on pousse la porte de cet établissement tout vert, à deux pas de l'hôpital Saint-Louis. La carte semble familière, la maison ne s'est pas appelée "Mini Tien Hiang" pour rien à ses débuts. "Ce sont des amis", précise le chef Thanh, végétalien depuis 25 ans, et dans la restauration depuis quasiment aussi longtemps. "Poulet" au gingembre, au curry ou à la citronnelle accompagné de légumes chop suey, de nouilles sautées ou de riz cantonais... on se régale de plats asiatiques simples mais soignés avant, pourquoi pas, de craquer pour un cheesecake. Aux murs, les œuvres du chef qui, quand il ne cuisine pas, pratique la calligraphie.

Café Pinson 2

58, rue du Faubourg-Poissonnière, 10e • M° Poissonnière ou Bonne-Nouvelle
Tél. 01 45 23 59 42

Ouvert du lundi au vendredi de 9h à 19h, samedi de 10h à 19h, dimanche de 11h à 18h

Menu entrée-plat ou plat-dessert à 17,50 €

cafepinson.fr

DRÔLE D'OISEAU • Quartier de bureaux oblige, l'atmosphère n'est ici pas tout à fait la même pendant la semaine et le week-end. Dans les assiettes, en revanche, c'est toujours du pur veggie tendance vegan (aucun produit laitier n'est utilisé). Tout est frais, fait maison et agrémenté de super-aliments en pagaille (graines germées, spiruline, kale, etc.). Lorsque les produits ne sont pas raw (c'est-à-dire crus), la cuisson se fait à basse température, comme pour ce duo de croustillants de riz et quinoa servi avec panais, butternut, salade de chou rouge et sa sauce mayo vegan. On accompagne le tout d'une citronnade au gingembre, en rêvant devant la carte particulièrement fournie des desserts, chocolatés ou fruités, mais en tout cas sans blé ni lactose. Pour nous, ce sera un crémeux de coco et son coulis aux fruits de saison.

Friendly

Carmen Ragosta

8, rue de la Grange-aux-Belles, 10e • M° Colonel-Fabien
Tél. 01 42 49 00 71

Ouvert du mercredi au dimanche de 11h30 à 19h30

20 € environ à la carte

carmenragosta.com

À L'ITALIENNE • *Mode e cucina* – la mode et la cuisine. Entre ses deux amours, Carmen, une Italienne originaire de Naples, a décidé de ne pas choisir. Cela donne un petit restaurant/boutique très bohème où l'on déjeune, tandis que d'autres font des essayages. Avec ses cuillères en bois comme avec son mètre ruban, notre cuisinière/styliste aime se réinventer : "Tes plats et tes vêtements sont des enfants uniques", lui répète d'ailleurs souvent une de ses amies. Ce jour-là, elle avait préparé une assiette composée de risotto, tofu, mousse de betterave, chou caramélisé, crudités et, pour accompagner le tout, du pain maison et du fromage végétal. S'il est un point fixe de la carte, c'est le tiramisu… que Carmen, en éternelle créative, ne s'interdit pas de marier à son gâteau cru chocolat, noix de cajou et dattes. Bravo !

C'real

28, rue d'Hauteville, 10e • M° Bonne-Nouvelle, Château-d'Eau ou Poissonnière
Tél. 01 45 23 90 09

Ouvert du lundi au vendredi de 8h à 18h

Formules petit-déjeuner à 7,70 € et déjeuner à 9 €

Facebook : C'real et creal-bio.com

BON COMME LES BLÉS • Vous connaissiez le bar à jus et le bar à salades, voici plus original : le bar à céréales (option épicerie) ! Millet, boulghour, petit épeautre, quinoa, semoule... une trentaine de variétés de céréales bio, mais aussi de fruits secs, sont proposées ici en vrac. Après s'être composé un bol de petit-déjeuner sur mesure, sain et équilibré, on le déguste autour d'une table en bois en profitant du wifi, dans une ambiance mi-coworking, mi-bio-coop. Le concept se réinvente le midi lorsque condiments, légumes et épices viennent bousculer les céréales avec trois bowls (méditerranéen, asiatique et oriental) à la fois beaux et bons. Mais pourquoi personne n'y avait pensé plus tôt ? C'est à cette question que l'on reconnaît les bonnes idées.

Elaichi Vegetarian Street Food

7, rue du Faubourg-Saint-Martin, 10e • M° Strasbourg-Saint-Denis
Tél. 01 40 38 97 57

Ouvert du lundi au samedi de midi à 14h30 et de 18h30 à 22h30

Menu entrée-plat-dessert à 12 €

Facebook : Elaichi Vegetarian Street Food

DARJEELING LIMITED • Des murs en tôle et, sur le sol en béton, de mystérieux rails, style chemin de fer. On a tout de suite l'impression de n'être que de passage dans ce petit snack indien. Face à un portrait de Gandhi, on compose soi-même son assiette en choisissant quatre préparations parmi celles proposées : aubergines, chou, dahl, riz... les couleurs sont au rendez-vous, les épices aussi, mais sans excès. Pour aller jusqu'au bout du voyage, on accompagne le tout d'un papaddam bien croustillant aux graines de cumin, histoire de goûter au trio de sauces colorées (légumes au curry, menthe-pomme verte et tamarin). Arrivé au dessert – tapioca ou riz au lait –, vous aurez sans doute deviné que les fameux rails mènent à un bar secret...

Ima

39, quai de Valmy, 10e • M° République ou Goncourt • Tél. 01 40 36 41 37

Ouvert tous les jours de 10h à 17h

Salades à 12,50 € ou 15,50 €

ima.paris

UN AIR DE VACANCES • Est-ce à cause des tomettes au sol, du mur de briques nu, des azulejos ou de la vaisselle colorée ? Toujours est-il que flotte ici un air de bord de Méditerranée. Pas étonnant, après tout, lorsque l'on apprend qu'Ima signifie "maman" en hébreu. La carte est empreinte d'inspirations orientales, comme cette shakshuka, une espèce de ratatouille servie avec un œuf, proposée au petit-déjeuner. Le midi, on choisit la taille de son assiette avant de convoquer un joyeux méli-mélo de légumes rôtis, crudités, légumineuses et féculents en tout genre. Ça croque sous la dent, ça fond sur la langue, on pense au chef israélo-britannique Yotam Ottolenghi. Dans ces conditions, impossible de résister à l'appel des desserts : une tarte aux figues, s'il vous plaît !

Jah Jah by Le Tricycle

11, rue des Petites-Écuries, 10e • M° Château-d'Eau ou Bonne-Nouvelle
Tél. 01 46 27 38 03

Ouvert du mercredi au samedi de midi à 22h30,
du dimanche au lundi de midi à 16h

Bowl à 10 €

Facebook : Le tricycle

KINGSTON SPIRIT • À deux pas du Tricycle (voir p. 68), leur toute première enseigne, les chefs Coralie et Daqui ont ouvert cette spacieuse cantine aux couleurs du mouvement rastafari. "Jah", c'est "dieu" pour les rastas. Voilà qui explique ce drôle de nom. Et en cuisine ? Fidèles à la *livity*, leur façon d'être au monde, les rastas mangent "ital" (pas de viande, ni d'alcool). Des végans avant l'heure, en somme ! L'institution de la maison, ce sont les trois bowls du jour (chaud, froid et cru). Loin de la grande salade, le bowl chaud mêlait ce jour-là, avec bonheur et avec l'assaisonnement qui va bien, riz, avocat, patates douces, protéines de soja, banane plantain et carottes. En dessert, si l'on accompagne son cheesecake cru coco-framboise d'un green juice aux épinards, on est d'accord que la gourmandise n'a rien d'un vilain défaut ?

Krishna Bhavan

15, 21 et 24, rue Cail, 10ᵉ • M° Gare-du-Nord, La-Chapelle ou Louis-Blanc
Tél. 01 42 05 78 43

Ouvert tous les jours de 10h30 à 23h

15 € à la carte

krishna-bhavan.com

LITTLE INDIA • C'est au cœur du quartier indien que se trouve la "maison de Krishna", ce dieu hindou que la légende dit végétarien. Avec ses grandes tentures mettant en scène diverses divinités, le lieu a tout du restaurant indien tel qu'on se l'imagine : kitsch, mais dépaysant. L'Inde n'est pas que dans la déco : la cuisine est tamoule, comme dans le sud de l'Inde et au Sri Lanka. Les prix sont doux et les saveurs épicées. On se délecte du masala dosa, une espèce de crêpe fermentée croustillante garnie de pommes de terre, oignons et curry. Les *bajji*, beignets à la pomme de terre, aux aubergines ou à la banane, sont savoureux. Vous ne pouvez décemment pas partir sans avoir goûté un thé au gingembre. Très infusé, il est plus dynamisant que n'importe quel expresso. *What else?*

Le Tricycle

51, rue de Paradis, 10e • M° Poissonnière • Tél. 06 26 03 05 43

Ouvert du lundi au vendredi de midi à 15h

Hot dog à 5 €

Facebook : Le tricycle

ARRÊT OBLIGATOIRE • Que deviennent les food-trucks – ou les food-tricycles en l'occurrence – "qui ont réussi" ? Une sympathique petite échoppe devant laquelle on fait (de nouveau) la queue pour un délicieux hot dog revisité à la sauce végétalienne. Plusieurs recettes sont à la carte, mais le Dogtor Dre tire, de l'avis général, son épingle du jeu. Jugez plutôt : saucisse bio à base de protéines de blé, pain artisanal, guacamole, sauce tomate, persil et citron, et oignons frits parsemés de coriandre. Les réfractaires aux hot dogs pourront opter pour du maïs grillé à la noix de coco, des frites de banane plantain ou un bowl vegan. Manger sur place est l'occasion de découvrir la jolie mezzanine. On se dit qu'on reviendra forcément, mais il faudra aussi aller tester Jah Jah by Le Tricycle, à deux rues d'ici (voir p. 66). D'ailleurs, pourquoi reporter le repérage à plus tard ?

Lula

216, rue Saint-Maur, 10ᵉ • M° Goncourt, Belleville ou Colonel-Fabien
Tél. 01 42 45 62 71

Ouvert du lundi au samedi de 9h à 15h, dimanche de 11h à 15h

Formule entrée-plat ou plat-dessert à 15 €

lulalifestyleshop.fr

CHEZ NATALIA ET LUCIANA • Si lorsqu'on vous dit Lula, vous pensez à l'ancien président du Brésil, c'est que vous ne connaissez pas encore cette pimpante cantine tout au bout de la rue Saint-Maur. Aux commandes : deux sœurs d'origine colombienne, Natalia et Luciana… surnommée Lula depuis toute petite. Un peu comme une seconde maison, on y vient au petit-déj pour l'açai bowl (muesli, fruits secs et frais de saison, pulpe d'açai, etc.) ou à l'heure du déjeuner pour les fajitas, ces galettes de blé roulées, gratinées au fromage et garnies d'œufs, d'épices, de raisins secs et de crudités. Cela dit, la pause goûter a aussi ses arguments, entre le carrot cake et la crème coco aux graines de chia et aux fruits frais. Est-ce vraiment la peine d'en rajouter en vous vantant les mérites du brunch ?

Friendly

Sangeetha

178, rue du Faubourg-Saint-Denis, 10e • M° Gare-du-Nord ou Gare-de-l'Est
Tél. 01 40 35 00 00

Ouvert du lundi au dimanche de 10h30 à 22h30

15 € à la carte

sangeetha-veg.fr

INDIA SONG • Moins kitsch que Krishna Bhavan (voir p. 35), moins couru que Saravanaa Bhavan (voir p. 71), son voisin de trottoir, Sangeetha, le plus récent des restos indiens 100 % végétarien du quartier, gagne à être connu. Si vous avez voyagé en Inde, vous connaissez peut-être l'enseigne : la chaîne compte une trentaine de restaurants là-bas. Ici, pas de déco indienne de pacotille, le cadre est sobre et simple… comme la carte. La cuisine est riche en spécialités d'Inde du Sud, comme les dosas, ces crêpes fermentées bien craquantes fourrées aux oignons et aux légumes que l'on trempe dans une ribambelle de sauces. *Last but not least*, le resto sert des naans. Voilà l'addition. Pincez-vous : oui, c'est tout ce que ce voyage culinaire vous coûtera.

Friendly

Saravanaa Bhavan

170, rue du Faubourg-Saint-Denis, 10ᵉ • M° Gare-du-Nord ou Gare-de-l'Est
Tél. 08 99 27 35 05

Ouvert tous les jours de 10h à 23h

15 € à la carte

LA ROUTE DES INDES • Devant l'enseigne aux allures de panneau publicitaire géant, le doute s'installe : est-ce vraiment là "le meilleur indien de Paris" ? Une fois la porte passée, la modernité de la salle et la présence de nombreux Indiens rassurent. Le restaurant est issu d'une chaîne bien connue au pays de Gandhi, lancée en 1981 pour répondre à l'absence de restaurants végétariens dignes de ce nom. La carte est impressionnante – 350 plats – et les prix si raisonnables que l'on a envie de tout goûter. La part belle est faite aux spécialités d'Inde du Sud. Des idlis (galettes de riz et de lentilles cuites à la vapeur) aux dosas (grandes crêpes croustillantes), tous les plats sont accompagnés d'un éventail coloré de légumes et de sauces chutney, sambar, etc. Dans la bouche, c'est un feu d'artifice de saveurs épicées. Le prétexte est tout trouvé pour commander un lassi salé ou à la mangue.

Friendly

Sol Semilla

23, rue des Vinaigriers, 10e • M° Jacques-Bonsergent ou Château-d'Eau
Tél. 01 42 01 03 44

Ouvert du mardi au dimanche de midi à 22h45

Menus à 19,50 €, 21 € et 23,50 €

sol-semilla.fr

UNIQUE • C'est l'une de ces adresses que l'on garderait bien pour soi. À l'origine, cette "graine de soleil" qui a poussé à deux pas du canal Saint-Martin était simplement une boutique proposant des super-aliments bio rapportés d'Amérique du Sud : de la klamath, de l'acérola, du maca, etc. Petit à petit, la cantine est née, le week-end d'abord, puis la semaine. Sur l'ardoise, les super-aliments venus du Pérou, du Brésil, d'Argentine sont partout. Une excitante plongée dans l'inconnu commence avec une boisson végétale "bleu comme toi" à base de klamath, cardamome et menthe fraîche. L'assiette du jour (compotée de potimarron, caviar d'oléagineux, crudités, entre autres) est un patchwork de couleurs et de saveurs. En dessert, le délice de cacao cru est renversant. Comme si ce n'était pas suffisant, tout cela est plein de bienfaits pour la santé. On comprend pourquoi l'adresse a les faveurs d'un certain Alain Ducasse.

Tago Mago

6, rue Lucien-Sampaix, 10e • M° Jacques-Bonsergent, Château-d'Eau ou République • Tél. 09 54 07 92 02

Ouvert du mardi au samedi de 17h à 2h

Burger à 14 €

Facebook : Tago Mago

DU SON ET DES BURGERS • Le nom du lieu – emprunté à l'album sorti en 1971 du groupe de rock expérimental allemand Can – donne le ton, tout comme les platines et les nombreux vinyles hip-hop, jazz, soul, reggae... posés à même le sol : vous êtes ici dans un bar musical. *Beats, burgers and beers,* “du son, des burgers et des bières”, voilà l'idée. Et il se trouve que le son est bon, les burgers savoureux et les bières fraîches. Purple rain, Back to black, Lady soul... derrière ces noms musicaux se cachent des steaks végétaux pour le moins originaux à base de pois chiches, patate douce ou encore betterave et quinoa. Le tout avec la garniture qui va bien, des pommes de terre au four et des crudités. Vous ne sortez pas le mardi soir ? Vous avez tort : ce soir-là, le repas (sans burger) est offert pour toute consommation...

Friendly

Tien Hiang

14, rue Bichat, 10e • M° Goncourt ou République • Tél. 01 42 00 08 23

Ouvert tous les jours (sauf le mardi) de midi à 14h30 et de 18h30 à 22h30

Menu à 12 €

tien-hiang.fr

HONG KONG STAR • Voilà vingt ans que ce resto de poche connu comme le loup blanc nous régale de cuisine d'Asie du Sud-Est à la sauce végétale. Car tous les plats servis ici sont vegan, à l'exception de la marmite Tien Hiang qui contient du fromage. Comment ? Du "poulet à la citronnelle" ? Rassurez-vous, ici, pas de viande ailleurs que dans l'intitulé de certains plats : dans l'assiette, tout passe par les épices et le tofu. Vous hésitez encore entre un ragoût végétal, une marmite de bœuf au poivre noir, des brochettes de poulet satay et un bo bun ? Remettez-vous-en aux serveurs : ils ont établi une liste des plats préférés des habitués. Et on peut vous dire que ces derniers sont loin d'être tous végétariens.

Friendly

Végébowl

24, rue du Faubourg-Saint-Martin, 10e
M° Strasbourg-Saint-Denis ou Château-d'Eau

Ouvert du lundi au samedi de midi à 15h et de 19h à 23h

Menu déjeuner à 12 €

vegebowl.com

ORIENT EXPRESS • La petite cantine chinoise, végétalienne à 90 %, jusque-là cachée dans une petite rue à deux pas des Folies Bergère, s'est métamorphosée en restaurant, migrant au passage rue du Faubourg-Saint-Martin. La carte interminable peut créer le doute : la délicatesse et la fraîcheur des plats vantées par le bouche-à-oreille ne sont-elles pas exagérées ? La dégustation des raviolis puis du "poulet" au gingembre accompagné de riz gluant met les choses au point : la cuisine est fine et savoureuse, ces deux adresses sont précieuses. Si vous aimez manger asiatique, ce restaurant vous en rappellera forcément un autre : le chef de cuisine est un ancien de chez Tien Hiang. Prendre un dessert est-il raisonnable ? Oui, si c'est pour partager à deux ces exquises boules de riz fourrées de sésame noir.

Friendly

LIVRAISONS À DOMICILE : UN COUP DE VÉLO, ET HOP !

Plusieurs sociétés livrent, moyennant un supplément de quelques euros, des repas proposés par des restos végétariens ou vegan. Un service qui dépanne bien, à l'occasion !

DELIVEROO.FR

Paradis Marguerite, Tien Hiang, East Side Burgers…

Le + : la livraison exclusivement à vélo

Le – : le paiement uniquement par carte bancaire

FOODORA.FR

Gentle Gourmet, Bodhi Vegan, VG, Happiz…

Le + : la ponctualité

Le – : la présentation

JUST-EAT.FR

Super Vegan, La Palanche d'Âulac…

Le + : les réductions régulières

Le – : l'appli manque de visuels des menus

UBEREATS.COM

HotVog, La Boucherie Végétarienne…

Le + : le service de livraison jusqu'à 2h du matin le week-end

Le – : les frais supplémentaires en cas de forte activité

Aujourd'hui Demain

42, rue du Chemin-Vert, 11e • M° Chemin-Vert
Tél. 09 81 65 20 01

Ouvert du mardi au samedi de 10h à 20h, dimanche de midi à 18h

Sandwichs à 8 €, plats à 11 €

aujourdhui-demain.com

RAYON VERT • C'est grâce à une campagne de financement collaboratif que cet espace inédit, un peu cantine, un peu épicerie, un peu magasin de vêtements, a vu le jour. Cheyma et Raphaël, un couple de jeunes végans, ont tout simplement créé le lieu de vie dont ils rêvaient... et où l'on peut manger une cuisine maison, sans prétention, qui leur ressemble. Sandwich au seitan avec "cheddar", compotée d'oignons rouges et champignons rôtis, ou bol de tofu avec quinoa torréfié, potimarron et brocoli rôtis, pousses d'épinards, coriandre et sauce tahini, la carte est restreinte mais les plats sont savoureux et équilibrés. Que l'on soit végan ou non, on passerait bien tout l'après-midi dans ce cadre moderne, lové dans un fauteuil chiné, à déguster un cheesecake matcha et un golden latte.

East Side Burgers

60, boulevard Voltaire, 11e • M° Saint-Antoine, Oberkampf ou Richard-Lenoir
Tél. 09 67 00 78 72

Ouvert du mardi au samedi de midi à 15h et de 19h à 21h30
(sans interruption le samedi)

Menu à 12 €

eastsideburgers.fr

EAST SIDE STORY • Lorsque l'établissement a ouvert, fin 2012, le burger végétarien était à Paris encore un objet de curiosité. Depuis, il est devenu tendance, et East Side Burgers fait figure de pionnier. Sur les cinq recettes mises au point par la maison, deux sont proposées chaque jour. Le Forestier, avec sa galette de tofu aux champignons et ses oignons caramélisés, est désormais une institution. Vous n'avez qu'un mot à dire pour remplacer le cheddar par du fromage végétal. On en oublierait qu'il y a aussi à la carte des hot dogs vegan. Tartelettes et cheesecakes sont les deux desserts phares de la maison, déclinés presque quotidiennement avec des saveurs différentes. Conclusion : *no need to live in America!*

Friendly AB

Jay & Joy

5, rue Paul-Bert, 11e • M° Rue-des-Boulets ou Faidherbe-Chaligny
Tél. 09 54 64 79 28

Ouvert du mardi au vendredi de midi à 19h30,
samedi de 10h à 14h et de 15h à 19h

jay-joy.com

TRIPLE CRÈME • La devanture crème est un indice : vous êtes bien devant la toute première crémerie végétale de Paris... et même de France ! Si vous êtes en quête d'alternatives aux yaourts et aux fromages classiques, c'est peut-être votre paradis. Tout ici est fabriqué à base d'oléagineux, de graines de tournesol, de riz et de chanvre, comme ce Jean cendré qui ressemble à s'y méprendre à un fromage de chèvre, sauf qu'il est à base de lait d'amande frais, ou ce José aux airs de gouda, mais à base de noix de cajou, de curcuma et de cumin. Le yaourt au lait de riz fermenté et à la noix de coco est le must pour le petit-déj. Et pour les repas de fêtes, figurez-vous que la maison fait du "joie-gras", un "foie gras" purement végétal aux noix de cajou, épices, tomates et poivre noir. Une bien douce adresse.

Les Petites Pâtisseries – Raw & Vegan

44, rue du Chemin-Vert, 11e • M° Chemin-Vert
Tél. 01 83 06 22 84 • violainebergoin@gmail.com

Ouvert du mardi au samedi de midi à 19h, dimanche de midi à 17h

Pâtisseries entre 5 € et 6,50 €

Atelier de cuisine une fois par mois, 50 € le cours de 3 h, 8 participants minimum

Facebook : Les petites pâtisseries – Raw & Vegan

NO SUGAR BABY LOVE • Un spot vegan est-il en train de voir le jour dans la décidément bien nommée rue du Chemin-Vert ? Voisine de trottoir d'Aujourd'hui Demain (voir p. 77), cette pâtisserie/salon de thé propose des macarons, des cupcakes ou encore des carrot cakes sans cuisson, réalisés sans gluten, sans sucres raffinés et sans cruauté. De la pâtisserie crue, vegan et bio donc, qui épatera ceux qui doutent encore que tant de "sans" puissent donner des douceurs aussi abouties. Violaine, qui a découvert la raw food outre-Manche il y a une dizaine d'années, a fait ses classes chez 42 Degrés et Sol Semilla. Elle anime également des cours de cuisine vegan durant lesquels elle vous livrera la botte secrète de sa crème pâtissière à base de noix de cajou, sirop d'agave, thé vert matcha et beurre de coco.

Loving Hut

92, boulevard Beaumarchais, 11e • M° Saint-Sébastien-Froissart
ou Richard-Lenoir • Tél. 01 48 06 43 84

Ouvert du lundi au samedi de midi à 15h et de 19h à 22h,
jusqu'à 22h30 vendredi et samedi

20 € à la carte

BULLE • C'est entre Bastille et République qu'a élu domicile le Loving Hut parisien. Du parquet clair aux banquettes, tout y est blanc, épuré… sauf la carte. "Pépites dorées", "brochettes délices", "joyaux aigre-doux", certains intitulés de plats sont bien mystérieux. À base de tofu et autres simili-carnés, ils se révéleront succulents. Au-delà des burgers (à partir de 8,20 €) revus avec brio à la sauce vegan, on retrouve çà et là un soupçon de cuisine asiatique. Pas vraiment étonnant quand on sait que la chaîne végétalienne internationale est née à Taïwan. Avant de partir, pensez à jeter un œil derrière le comptoir. Oui, c'est bien une mini-épicerie, de quoi faire le plein de fromages 100 % végétaux.

Maison Bastille

34 bis, rue Amelot, 11ᵉ • M° Chemin-Vert, Bréguet-Sabin ou Bastille
Tél. 01 58 30 69 18

Ouvert du lundi au vendredi de 10h à 15h

Formule déjeuner à 11,50 €

maisonbastille.com

HOME SWEET HOME • On se sent immédiatement comme chez soi dans cette petite cantine de quartier aux murs en briques blanches ou recouverts de papier peint fleuri. Quiche brocoli-cheddar, salade quinoa, fenouil, agrumes et avocat, soupe de légumes curry vert-lait de coco, chili végétarien... les plats changent tous les jours. Une cuisine saine et simple, exactement ce que l'on était venu chercher. Fondant au chocolat sans gluten, carrot cake, cheesecake... Loin du brouhaha du quartier de la Bastille, c'est aussi l'endroit rêvé pour un thé – ou un jus de betterave ! – un de ces samedis après-midi.

Paulette in the Truck

Régulièrement place de la Bastille, 11e • M° Bastille
ou place du Père-Chaillet, 11e • M° Voltaire
Tél. 07 50 45 76 69

Wrap à 8,50 €

Facebook : Paulette In The Truck – Vegan Food Truck

CHOUETTE • Si vous avez déjà croisé ce food-truck couleur crème à feuilles roses, jaunes et vertes, vous l'avez forcément remarqué. Régulièrement dans le 11e, parfois dans le 15e, le plus simple est de surveiller chaque lundi la page Facebook dédiée pour savoir précisément où sera Paulette dans la semaine à venir. À l'heure et au lieu dits, vous verrez que la spécialité de la maison (ou du camion devrait-on dire !) est le wrap. Le Kebane se décline ainsi au seitan avec des oignons caramélisés, des crudités et une sauce orientale, mais il existe aussi une version mexicaine. Mettez-nous donc aussi une portion de frites maison parfumées à l'origan, et une tarte chocolat-spéculoos. Après tout, qui sait quand on reverra Paulette ?

Soya

20, rue de la Pierre-Levée, 11e • M° Goncourt ou Parmentier • Tél. 01 48 06 33 02

Ouvert mardi de 19h à 23h, du mercredi au vendredi de midi à 16h et de 19h à 23h, samedi de 11h30 à 16h et de 19h à 23h, dimanche de 11h30 à 16h

Formule déjeuner entrée-plat ou plat-dessert à 19 €

soya-cantine-bio.fr

LOFT BIO • Quelle chance d'avoir à découvrir cette adresse si vous ne la connaissez pas encore ! À deux pas du canal Saint-Martin, cette cantine bio a élu domicile, il y a maintenant dix ans, dans une ancienne robinetterie. L'ex-atelier a désormais des airs de loft où l'on fait table – et carafe d'eau – commune avec ses voisines de banc. Pas de carte à rallonge : pour Christel, la gérante, conquise par le véganisme en Nouvelle-Zélande, les quelques plats proposés sont le gage d'une fraîcheur absolue. Houmous au dukkah, cous-cous Soy, lasagnes, curry masala… la cuisine revisite avec malice et créativité les classiques du monde entier. Pour le dessert, ne passez pas à côté du duo de moelleux chocolat et amande. Le week-end, on vient de l'autre bout de Paris pour le brunch (29 €) avec buffet en libre-service et à volonté.

Friendly

Veg'Art

123, rue Oberkampf, 11e • M° Parmentier ou Ménilmontant
Tél. 09 83 87 29 68

Ouvert du lundi au samedi de midi à 15h et de 18h à 23h

Pizza à partir de 8 €

vegartparis.com

VERDURA • Une pizza bolognaise, oui, mais vegan. C'est possible dans ce petit restaurant du haut de la rue Oberkampf, à deux pas du Nouveau Casino. Avec sa garniture sauce tomate, "fromage", haché végétal, oignons et olives, il est même possible d'avoir une version sans gluten. Les plus audacieux opteront pour la pizza indienne avec son "poulet" au curry et sa coriandre fraîche, ou la grecque avec caviar d'aubergine, "moxarella", tomates et olives. Tartes aux légumes, samosas, salades et même burger – et ses frites maison – sont aussi à la carte de cette petite cantine vegan. Mais on se voit surtout bien revenir ici un vendredi ou un samedi soir, après un petit verre ou un concert dans le quartier.

Vero L'Autre Cantine

30, rue Popincourt, 11e • M° Voltaire, Richard-Lenoir ou Bréguet-Sabin
Tél. 01 43 38 02 62

Ouvert du lundi au vendredi de 9h à 17h, le week-end de 11h à 17h

Plat du jour à 8,80 €

Facebook : Vero l'autre cantine

LA DIFFÉRENCE • Si vous habitez ou travaillez dans le quartier, vous êtes forcément un habitué. Épicurienne tendance saine depuis toujours, Véronique a ouvert la cantine qu'elle aurait aimé fréquenter lorsqu'elle était graphiste. Soupe butternut-curcuma frais, salade pois chiches, raisins secs, carottes râpées et persil, risotto champignons, brocoli, noisettes et spiruline, jus betterave, pomme et gingembre, cheesecake matcha et moelleux au chocolat (sans gluten), tout est fait maison à base de produits frais et bio. Si la carte change tous les jours, un incontournable revient régulièrement à la demande générale : les lasagnes vegan. Un plat à l'image de l'adresse finalement : simple et bon pour la santé, mais aussi convivial et gourmand.

Friendly

VG Pâtisserie

123, boulevard Voltaire, 11e • M° Voltaire • Tél. 09 67 80 13 42

Ouvert mardi de 13h à 19h, du mercredi au samedi de 9h à 19h, dimanche de 9h à 17h

4,60 € la tartelette citron meringuée

vgpatisserie.fr

DOUCEURS VÉGÉTALES • Croissant, pain au chocolat, tartelette citron meringuée, paris-brest, tarte tatin, éclair, religieuse… À première vue, cette pâtisserie/salon de thé à deux pas de la mairie du 11e arrondissement donne dans tout ce qu'il y a de plus classique, tendance haut de gamme. Le tour de force est qu'ici, tous les ingrédients sont végétaux. Pas d'œufs, pas de beurre, pas de lait ni de crème ? On peine à y croire car la finesse de la pâtisserie traditionnelle est bien au rendez-vous. La maison sait aussi surprendre avec certaines créations, comme ce chocoUète, un finger craquant au chocolat et à la cacahuète, ou la pâtisserie du mois – un croissant orange-chocolat, par exemple. C'est Bérénice, ingénieure devenue pâtissière après avoir déclaré une intolérance aux produits laitiers, qu'il faut remercier !

Comptoir Veggie

75, avenue Ledru-Rollin, 12e • M° Ledru-Rollin
Tél. 01 71 26 56 82

Ouvert du mardi au vendredi de 10h à 17h, samedi de 11h à 18h

Buddha bowl à 10 €, part de gâteau à 4,50 €

Facebook : Comptoir Veggie et comptoirveggie.com

COCON • La tumultueuse rue du Faubourg-Saint-Antoine est à deux pas, mais elle paraît à des kilomètres dès que l'on passe la porte de ce coffee shop/ bar à jus tout en longueur où les plantes et les coussins sont partout. Une sensation de réconfort que l'on retrouve dans la nourriture et les boissons, comme avec ce cheesecake coco, mangue et passion, ce carrot cake bien moelleux ou ce surprenant latte au beurre de cacahuètes. Cette adresse mini et mimi joue aussi dans la catégorie cantine, on se dit alors que l'on reviendra déjeuner ici avec une copine pour tester le buddha bowl, jamais le même d'une semaine à l'autre. D'ailleurs, il paraît que ce sont deux amies, Justine et Fanny, qui sont derrière Comptoir Veggie. Voilà qui explique la petite touche girly.

Gentle Gourmet

24, boulevard de la Bastille, 12e • M° Bastille • Tél. 01 43 43 48 49

Ouvert du mardi au vendredi de 19h à 22h,
samedi et dimanche de midi à 14h30 et de 18h30 à 22h

Formules déjeuner à 19 €, 23 € et 30 €

gentlegourmet.fr

CLASSE • C'est une devanture noire, assez sobre, qui donne sur le port de l'Arsenal. À l'intérieur, un cadre chic à la déco contemporaine. Décidément, cette adresse végétalienne-là n'est pas comme les autres. Une impression qui se confirme dans les assiettes : la cuisine est recherchée, sophistiquée même, et la présentation soignée. Nous voilà ici dans un "vrai" restaurant. Vous savez, ceux où l'on va pour une occasion spéciale. Seitan à la royale, farce de champignons sauvages et brisures de truffe, au cœur de faux gras maison servi avec un miroir de vin rouge aux douze épices et une mousseline au céleri-rave... C'est de la gastronomie. Et elle a un prix : à la carte, ne comptez pas en deçà de 45 € par personne ; le soir, il existe un menu dégustation à 79,90 €. Il est des soirs de fête où manger vegan dans un endroit qui a vraiment tout d'un restaurant est la seule chose dont on a envie.

La Boucherie Végétarienne

15, rue d'Aligre, 12e • Mc Ledru-Rollin ou Faidherbe-Chaligny
Tél. 09 83 25 63 86

Ouvert du mardi au samedi de 11h30 à 12h45

Facebook : La Boucherie Végétarienne

OXYMORE • Il y a d'abord ce nom intrigant, voire provocant, qui pique forcément la curiosité avant de faire sourire, et puis ces armoires réfrigérées remplies de produits simili-carnés en barquettes sous Cellophane qui ressemblent tellement aux steaks et autres saucisses que l'on peut voir dans les supermarchés. Mais, rassurez-vous, ce petit snack/épicerie aux meubles bruts et à la déco sommaire est bien 100 % veggie. Attention, si vous comptez repartir avec quelques steaks végétaux, pensez à un sac adapté : tous les produits sont surgelés. Tant que vous êtes là, pourquoi ne pas manger un bout ? Il paraît que certains viennent de bien au-delà du 12e arrondissement pour déguster un burger (grillé ou au fromage) accompagné de frites maison.

Friendly

Végé'saveurs

29, rue de Charenton, 12e • M° Bastille ou Ledru-Rollin
Tél. 01 43 45 29 10

Ouvert du lundi au samedi de 11h30 à 14h30 et de 18h30 à 22h30

Menu déjeuner à 10,50 €

vege-saveurs.com

VERT JADE • C'est derrière l'Opéra Bastille que se cache cette adresse peu avenante de prime abord. Une fois à l'intérieur, on sourit devant les murs verts un peu kitsch décorés avec des autocollants de petites fleurs et de papillons. Cette cantine asiatique mêle cuisine chinoise, vietnamienne et thaïlandaise, ce qui explique sans doute la carte à rallonge. Potage thaï au lait de coco, raviolis vietnamiens, tofu ou "poulet" sauté à la citronnelle, ragoût végétal, bo bun, "bœuf" au poivre noir... tout se révèle délicieux. La cuisine est sans glutamate et les plats à base de "viande" sont bien des simili-carnés. Toutefois, si vous êtes végan, sachez que "bœuf" et "poulet" contiennent un peu de lait.

Friendly

L'Incubateur de Fraîcheur

151, rue du Chevaleret, 13e • M° Chevaleret ou Bibliothèque-François-Mitterrand
Tél. 09 52 20 75 31

Ouvert du lundi au vendredi de 8h30 à 15h et de 17h30 à 20h

Plats entre 4 € et 14 €

Facebook : L'Incubateur de Fraicheur

AMBIANCE PRIMEUR • C'est l'histoire de deux garçons et d'une fille, Hugo, David et Marion, passionnés de cuisine et amoureux des fruits et légumes, bio et de saison bien sûr. Dans leur boutique, vous pouvez aussi bien acheter un kilo de tomates ou d'aubergines que déguster des fruits et légumes transformés : en jus, en soupe, en salade, etc. Bo bun végétal, velouté courgettes-feta, salade de chou rouge, clémentines et noix, dahl de lentilles corail-épinards, sandwich houmous, avocat et concombre, muffin myrtilles, crème banane, coco et passion… tout est d'une telle fraîcheur que l'on a l'impression – bien réelle ! – que la cuisine vient d'être faite. Si vous habitez dans le coin, vous avez trouvé votre Q.G.

Friendly

Season Square

3, rue Louise-Weiss, 13e • M° Chevaleret ou Bibliothèque-François-Mitterrand
Tél. 09 86 72 86 15

Ouvert du mardi au vendredi de midi à 14h30,
samedi de midi à 15h30 et de 19h à 22h

Burger et frites à 11,50 €

season-square.com

FAST GOOD • Dans ce quartier moderne où les tours de la bibliothèque François-Mitterrand évoquent vaguement New York, cette cafétéria vegan ne dépareille pas. La cuisine à base de produits frais, bio, locaux et de saison est faite maison, mais ce sont surtout les burgers qui sont les vedettes ici. À juste titre d'ailleurs, comme ce savoureux BBQ burger avec pain brioché maison, steak végétal grillé, oignons caramélisés et sauce barbecue. L'accompagnement est optionnel : on peut donc, si l'on est raisonnable, préférer le maïs grillé et épicé aux frites maison. Pour ceux qui veulent vraiment manger sainement, il y a toujours l'option bowl. Cinnamon rolls, cookies et autres muffins... les desserts jouent à fond, *of course*, la carte américaine.

Apulia

32, rue Liancourt, 14e • M° Denfert-Rochereau, Gaîté ou Mouton-Duvernet
Tél. 09 83 51 99 76

Ouvert du lundi au samedi de 19h30 à 21h et le midi sur réservation

Menu entrée-plat ou plat-dessert à 19 €

apulia.fr

INCREDIBILE • Entrer dans ce tout petit restaurant, c'est se transporter dans Les Pouilles, cette région du sud de l'Italie nommée "Apulia" en latin. Tout ici vient de là-bas : la vaisselle artisanale, les produits (huile d'olive, farine, etc.)... et le chef, l'inénarrable Giovanni. La cuisine ouverte vous fera profiter de sa passion communicative pour les recettes *pugliese*. Pasta alla crudaiola (sauce basilic, tomates et ail), orecchiette au brocoli et à la chapelure... les plats sont simples et familiaux, fidèles à une certaine tradition paysanne. Il y a parfois à la carte (mais rarement) du poisson ou du risotto à l'encre de seiche. Mais comme tout est cuisiné sous vos yeux à la minute, les options vegan sont toujours possibles : c'est d'ailleurs le cas de ce gâteau au chocolat... à l'huile d'olive ! Quel beau voyage en tout cas, il faudra penser à envoyer des cartes postales !

Aquarius

40, rue de Gergovie, 14e • M° Pernety ou Plaisance • Tél. 01 45 41 36 88

Ouvert du lundi au samedi de midi à 14h15 et de 19h à 22h30

Plats autour de 17 €

Facebook : L'Aquarius

HYPE HIPPIE • Tout droit sorti de la chanson *Aquarius* de la comédie musicale *Hair*, le nom de ce restaurant traduit son ancienneté : il a ouvert ses portes en 1980. À l'époque, il fonctionnait en coopérative ouvrière. Le temps a passé et, après avoir longtemps cultivé un charme hippie et New Age, le décor et la carte ont été modernisés à la faveur d'un changement de propriétaire. Que les inconditionnels de la première heure se rassurent : le rôti de noix à la gelée de cassis et le couscous aux boulettes de seitan à la coriandre fraîche sont toujours au menu. Lasagnes, chili sin carne et tartiflettes… la cuisine est familiale et les assiettes copieuses. Inutile de préciser que, quoi qu'il arrive, vous ne sortirez pas de table en ayant faim.

Friendly AB

Raw Cakes

83, rue Daguerre, 14e • M° Denfert-Rochereau, Gaîté ou Raspail
Tél. 09 86 12 73 48

Ouvert lundi de 10h à 20h, du mardi au jeudi de 11h à 22h,
vendredi de 10h à 16h, dimanche de midi à 19h

7,50 € la part de cheesecake, menu à 17 €

Facebook : RawCakes

ROSE DRAGÉE • Ce salon de thé aux murs roses et à l'ambiance mi-british, mi-girly est aussi la toute première pâtisserie raw de Paris. Le lieu est né de la rencontre d'une Espagnole et d'un Roumain tombés tous deux amoureux à New York… de la pâtisserie crue et vegan. Tout est ici, en plus, sans sucre ni gluten. Mais qui le devinerait en dégustant ce délicieux cheesecake aux oranges et aux fruits rouges accompagné d'un matcha latte ? Certaines pâtisseries sont plus audacieuses, comme ce gâteau à la menthe, à la spiruline et aux graines de chanvre. Côté salé – car le lieu joue aussi la carte restaurant –, le burger vegan et le veggie bowl se défendent avec brio. C'est dit, dimanche prochain, on revient avec des copines pour tester le brunch (25 €).

Happiz

23, rue des Sablons, 16e • M° Trocadéro ou Rue-de-la-Pompe
Tél. 09 73 12 74 38

Ouvert du mardi au samedi de 11h30 à 15h et de 18h30 à 22h30,
dimanche le soir uniquement

Pizza à 12 €

Facebook : Happiz Sablons

SYMPA • Dans un quartier où les adresses végétariennes ne sont pas légion, on ne boude pas son plaisir de découvrir cette petite pizzeria qui dégage une bonne humeur contagieuse. Vu le peu de places, la plupart des clients commandent à emporter, mais rien ne vous empêche de vous installer au comptoir pour profiter de l'ambiance. Ici, c'est vous qui choisissez la garniture de votre pizza en sélectionnant quatre ingrédients : champignons, courgettes, aubergines, mozzarella vegan, “salami”, “chorizo”, etc. Le service est aux petits soins et le résultat est au rendez-vous, avec une pâte croustillante et une sauce savoureuse. La créativité est la marque de fabrique de la maison, alors ne soyez pas surpris si le jour de la Saint-Valentin ou d'Halloween, par exemple, votre pizza a une forme ou un air particulier...

Friendly

Jo and Nana Cakes

6, rue Rennequin, 17e • M° Wagram, Courcelles ou Ternes
Tél. 06 50 83 88 51

Ouvert du mardi au vendredi de midi à 19h30, samedi de 10h30 à 19h

Environ 5 € la pâtisserie

joandnanacakes.com

PÂTISSERIE DES RÊVES • Cette micro-pâtisserie est un rêve d'enfant qui a bien failli ne jamais voir le jour, l'histoire d'une petite fille qui voulait devenir pâtissière... avant d'être diagnostiquée intolérante au gluten, au lactose et aux œufs. La découverte à Madrid d'une pâtisserie sans gluten et vegan-friendly sera une révélation. Flan coco ou aux pruneaux, tarte pistache-abricots, poires-chocolat ou amande-myrtilles, chaque dessert a le bon goût du savoir-faire artisanal. Cela touche parfois au sublime, comme cette Inspiration Ispahan : une délicate mousse aux litchis et une crème d'amande à la rose sur un lit de framboises et une pâte sablée croustillante. Après avoir goûté ce nuage de douceur, vous ne serez pas étonné d'apprendre que Jo and Nana Cakes a été adoubé par Thierry Marx...

Joy in Food

2, rue Truffaut, 17e • M° Place-de-Clichy ou Rome
Tél. 01 43 87 96 79

Ouvert du lundi au vendredi de midi à 14h30

Menu entrée-plat ou plat-dessert à 14,50 €

Facebook : Restaurant Joy in Food

HAUT LES CŒURS • La place de Clichy est à deux rues, mais comme elle semble loin une fois devant l'azur de cette charmante bicoque. Rien de bobo ici, le cadre est soigné mais sans chichis. Naëma vous accueille avec un grand sourire bienveillant, elle a passé toute la matinée en cuisine à concocter des plats sans prétention, mais savoureux et pleins de couleurs : blettes au curcuma, tajine de pommes de terre et artichauts, etc. Sur chaque table, un tajine miniature contenant du poivre au cumin ou du gomasio permet d'assaisonner à sa guise. En dessert, un gâteau aux fruits et de la compote sont toujours au rendez-vous, mais si vous croisez la tarte pomme, citron, carotte et gingembre, ne la ratez pas !

My Kitch'n

82, rue Lemercier, 17e • M° La-Fourche ou Brochant
Tél. 06 16 15 44 74

Ouvert du mardi au vendredi de midi à 15h, le week-end de midi à 16h

Formules déjeuner à 15 € et 20 €

mykitchn.fr

POP • Choisir comme emblème une bouche pulpeuse de pin-up mordant dans une framboise, pour un café-restaurant, il fallait oser. Une façon pour Jennifer Eric, Suédoise d'origine yougoslave qui a habité à Los Angeles et à Dubaï, d'annoncer la couleur : la cuisine vegan n'a rien de fade ou d'ennuyeux, et elle entend bien vous le prouver. Inspirée par les endroits où elle a vécu, elle sert aussi bien un raw veggie burger (avec un steak de tomates séchées et graines) que des spaghettis de courgettes, du chili sin carne, un sandwich houmous-crudités ou même un étonnant sushi-burrito. Les desserts jouent à fond la carte du cru, et c'est comme si l'on redécouvrait carrot cake, brownie et cheesecake.

Super Vegan

118, rue des Moines, 17e • M° Guy-Môquet, Brochant ou Porte-de-Clichy
Tél. 09 51 56 99 16

Ouvert lundi de 18h à 23h, mardi de 11h à 23h, jeudi de 18h à minuit, vendredi et samedi de 11h à minuit, dimanche de 18h à 23h

Formules déjeuner à 8 €, 10 € et 13 €

supervegan.fr

SUPER-HÉROS • Prenez un ancien illustrateur de comics, une ex-porte-parole de la Société protectrice des animaux (SPA) et une passionnée de cuisine végétale, et vous aurez au complet l'équipe de "héros" qui a décidé de donner un avenir vegan au kebab. Car si un burger est également au menu, le super kebab est la spécialité de ce snack à l'ambiance décontractée. À base de seitan maison, il contient plus de protéines qu'un kebab classique. Si les frites maison ("des patates, de l'huile et de l'amour") se la jouent traditionnelles, elles sont accompagnées d'une délicieuse véganaise. On ne le dit jamais assez : il n'y a pas suffisamment de super-héros dans la ville… et c'est sans doute pour cela qu'il faut faire la queue chez SV.

Abattoir Végétal

61, rue Ramey, 18e • M° Jules-Joffrin ou Marcadet-Poissonniers
Tél. 01 42 57 60 62

Ouvert mardi de 9h à 18h, du mercredi au vendredi de 9h à 22h30, samedi de 10h30 à 22h30, dimanche de 11h à 16h30

Formules déjeuner à 16,50 € ou 19 €

Facebook : Abattoir Végétal

FUNKY CHIC • Un healthy bistrot blanc et or avec des touches végétales s'est lové au pied de la butte Montmartre et du Sacré-Cœur. Si l'"AV" fut autrefois une boucherie, la chef Gloria Kabé ne découpe que des fruits et légumes bio, et de producteurs locaux de préférence. Rôti de légumes sur crème de cajou accompagné de riz brun complet, hot dog avec saucisse de lentilles, achards de fenouil et de curcuma, chou rouge, coriandre, frites de patates douces et mayonnaise végétale, mille-feuille à la crème de banane plantain, crumble épicé aux kiwis... les touches exotiques sont à tous les coins du menu. Entre les infusions Chic des Plantes ! et le café Coutume, on comprend pourquoi l'endroit est devenu le Q.G. de tous les bohèmes branchés du quartier.

Le Myrha

70, rue Myrha, 18e • M° Château-Rouge ou Barbès-Rochechouart
Tél. 09 73 21 78 43

Ouvert du lundi au vendredi de midi à 23h, le week-end de 11h30 à 23h

Plat du jour à 7 €, formule brunch 100 % vegan à 17 € le week-end

Facebook : Cantine Le Myrha

MIRACLE BIO • Avec ses tables en formica et ses chaises d'école, l'endroit vous rappellera peut-être les réfectoires de votre enfance, mais avec un indéfinissable supplément de charme. Surtout, cette cantine-là, contrairement à ce que laisseraient penser ses prix très doux, est complètement bio. Faite maison, la cuisine est presque 100 % végétarienne (il y a du poulet à la carte de temps en temps) avec une forte dominante vegan. Soupe de légumes, omelette de légumes à la sri lankaise, boulettes de légumes grillés à la sauce aux herbes, galette de polenta à la tomate et tofu grillé, burger et makis vegan... c'est de la petite cuisine métissée, vitaminée et copieuse comme on aime. Entre la compote de poires et noix de cajou au miel, le muffin au chocolat avec coulis de betterave, et le cookie citron, gingembre et menthe, les desserts savent surprendre leur monde. On prend date pour le brunch 100 % vegan du week-end.

Friendly

Altervojo

PAR ICI L'ÉPICERIE !

Bien sûr, les supérettes bio de quartier regorgent désormais de denrées végétariennes et vegan, mais pour des produits plus pointus, voici quelques adresses 100 % veggie ou vegan.

ALTERVOJO

127, avenue Parmentier, 11e
M° Goncourt
Tél. 09 72 41 82 78
Ouvert du lundi au samedi de 9h30 à 21h et le dimanche de 9h30 à 13h
altervojo.fr

Beau bio • Un petit comptoir indépendant, familial et 100 % végétarien qui change des grandes enseignes du bio. Ici, aucun fruit ou légume n'a voyagé en avion ou été cultivé hors saison ou sous une serre chauffée.

HOLY PLANET

34, rue Serpente, 6e
M° Odéon
Tél. 01 46 33 07 05
Ouvert du lundi au vendredi de 10h30 à 20h et le samedi de 11h à 20h
Facebook : Holy Planet

Pépite • Avec sa devanture verte, cette boutique est davantage qu'une épicerie bio de plus dans le quartier : tout y est végétarien. On peut aussi y commander un sandwich et un délicieux jus de fruits frais.

MON ÉPICERIE PARIS

31, rue des Gravilliers, 3e
M° Arts-et-Métiers ou Rambuteau
Tél. 09 83 44 48 83
Ouvert du mardi au samedi de 11h à 20h
monepicerieparis.fr

Engagé et engageant • On est toujours bien accueilli dans cette boutique où Ann, sans cesse à l'affût des dernières nouveautés, a tout sélectionné elle-même. Un bon point pour le rayon surgelé et la belle offre de produits asiatiques.

UN MONDE VEGAN

64, rue Notre-Dame-de-Nazareth, 3e
M° République, Temple ou Strasbourg-Saint-Denis
Tél. 01 42 77 49 58
Ouvert du lundi au samedi de 10h à 20h
unmondevegan.com

Pionnier • L'ouverture de cette boutique a changé la vie de nombreux végans à Paris. Il faut dire que c'est une mine d'or pour dénicher simili-carnés, fromages végétaux et autres substituts d'œufs. Entre deux pots de mayonnaise au soja, vous trouverez aussi des livres, des cosmétiques, etc.

Super Naturelle

34, rue Ramey, 18e • M° Château-Rouge ou Jules-Joffrin • Tél. 06 99 63 67 49

165 € le cours de 5 heures de 6 participants maximum

super-naturelle.com

VÉGÉTALEMENT VÔTRE • C'est derrière une porte bleue, au fond d'une petite cour, que se cache Super Naturelle, un ancien atelier de peintre transformé... en atelier de cuisine durable. Ôna y transmet sa passion avec enthousiasme. Si elle a consacré un livre de cuisine aux galettes végétales, ses cours explorent des thématiques bien plus larges, du brunch gourmand japonisant à la cuisine indienne ayurvédique, sans oublier la pâtisserie sans gluten. Lors d'un stage "cuisine crue avancée", par exemple, vous apprendrez à préparer un raw burger avec galettes de noix, shiitakés, échalotes et ketchup à la betterave, et un carrot cake au caramel d'abricot. Vous le sentez se réveiller, le grand chef qui sommeille en vous ?

Cantine Vagabonde

11, rue d'Aubervilliers, 19e • M° Stalingrad ou La-Chapelle
Tél. 01 46 07 44 89

Ouvert du lundi au jeudi de midi à 14h30,
vendredi de midi à 14h30 et de 19h à 22h30

Plats à 11 €

cantinevagabonde.fr

CLÉ DES CHAMPS • Parquet blond, papier peint vintage, meubles en bois, chaises bleu ciel ou jaune citron et caisses de légumes à même le sol… cette cantine a des airs de ferme des villes. Un décor plaisant qui n'est peut-être pas étranger au fait que, dans une autre vie, Lila, la gérante, travaillait dans le monde du cinéma. Comme c'est inscrit à la craie sur le tableau noir, ici, c'est au comptoir que l'on passe commande. Pas de menu à rallonge car la maison préfère renouveler sa carte quotidiennement : clafoutis épinards-roquefort, gratin de blettes aux amandes, risotto fenouil, citron et noix… chaque plat a mille couleurs et mille saveurs. Et puisque l'on a fait du bien à notre corps avec toutes ces vitamines, on peut bien craquer sur la mousse au chocolat aux baies roses.

Le Faitout

23, avenue Simon-Bolivar, 19e • M° Belleville, Pyrénées ou Buttes-Chaumont
Tél. 01 42 08 07 09

Ouvert du mardi au vendredi de 16h à 1h30, le week-end de 8h à 1h30

Plats autour de 13 €

lefaitout.fr

CONVIVIAL • Insuffler l'ambiance d'un bistrot de quartier dans un resto vegan, c'est le tour de force réussi par cette précieuse adresse située près du parc des Buttes-Chaumont. Il faut dire que l'enseigne a longtemps été un bar/resto traditionnel. Puis, lorsque le patron est devenu végan, les plats à base de viande et de crème ont disparu, mais la convivialité est restée. Pour l'apéro, l'assortiment de tapas chaudes et froides et la planche de "fromages" faits maison sont des classiques qui blufferont vos amis non familiers avec la cuisine vegan. Si vous êtes là pour faire un vrai repas, optez donc pour un "civet", un "steak"-frites ou même un "tartare" accompagné de patates douces rôties. Pour ce qui est du "bœuf vegan du jeudi", en revanche, c'est d'un apéro jazz dont il est question. Une adresse précieuse, on vous dit.

Paint it Green

78, rue Compans, 19e • M° Botzaris ou Place-des-Fêtes
info@paintitgreenvegan.com

À partir de 80 € le cours de 4 heures

paintitgreenvegan.com/fr

VERT C'EST VERT • Née en Italie, Camilla s'était orientée vers l'art et la culture avant, une fois à Paris, de revenir à ses premières amours : la cuisine végétale. C'est ainsi qu'est né Paint it Green, détournement à la sauce vegan de la chanson des Rolling Stones *Paint it black*. Cuisine ayurvédique ou d'Inde du Sud, Camilla, en grande voyageuse et en adepte du yoga, vous initiera au dahl, au curry de légumes, au riz biryani et même au masala dosa, cette crêpe garnie d'une écrasée de pommes de terre aux épices. Mais notre Italienne n'a pas oublié ses racines et, à l'occasion d'un autre cours, vous pourrez enfin percer le secret du risotto, du tiramisu ou d'une torta della nonna. Et après la préparation, place à la dégustation, puisqu'un repas convivial clôt l'atelier.

Given

89, rue de Bagnolet, 20e • M° Alexandre-Dumas ou Gambetta
Tél. 01 45 66 56 44

Ouvert du mardi au vendredi de midi à 15h30,
samedi de midi à 16h et de 19h30 à 23h

Formule déjeuner à 14,50 €

Facebook : Given

PEACEFUL • À mi-hauteur de la rue de Bagnolet, passer à côté de cette échoppe tout en longueur serait une erreur. Chaque jour, outre une soupe et une quiche aux légumes, un bol vegan y est proposé : écrasée de pommes de terre, lentilles corail, galettes de haricots rouges et épinards, par exemple. Les saveurs sont subtiles et équilibrées, il faut dire que la lumineuse Christiane a été à bonne école dans les cuisines d'Alain Passard. Les desserts tournent, mais le fondant au chocolat est forcément à la carte, "sinon ça se passe mal". Le soir, la cantine prend des airs de bar à tapas avec une formule happy hour (10 €) comprenant un verre de sangria blanche, une tartine vegan (avec une écrasée d'avocats ou du houmous de lentilles, par exemple) et un bol de soupe. Si vous êtes plutôt brunch, c'est chaque premier dimanche du mois qu'il a lieu.

Le Mezze du Chef

80, rue de Ménilmontant, 20e • M° Ménilmontant ou Pelleport
Tél. 06 95 65 19 20

Ouvert tous les jours de 9h à minuit, vendredi et samedi jusqu'à 2h

10 € l'assiette de mezze

lemezzeduchefcigkofte.fr

BYZANCE • La devanture rouge vif attire l'œil. À l'intérieur, sous les guirlandes de poivrons séchés, on se demande si l'on est dans une épicerie ou un resto. L'endroit est en tout cas chaleureux. On déguste ici des spécialités du sud-est de la Turquie, revues à la sauce végétarienne ou vegan. *Kumpir* (pomme de terre cuite au four garnie de mezze), *çig köfte* (boulettes de boulghour aux noix, tomates, poivrons et épices), *çorba* (soupe de lentilles et de légumes) ou assiette de mezze (aubergines aux noix, salade d'olives, etc.) : le choix est limité, mais chaque proposition est un joli voyage vers l'Orient. *Sütlaç, kadayif, muhallebi*... on vous laisse percer le mystère des desserts ; nous, on a opté pour un loukoum à la rose.

Friendly

Love Me Cru

44, rue de Tourtille, 20e • M° Belleville ou Pyrénées
Tél. 01 71 93 08 26

Ouvert du lundi au samedi de 11h30 à 16h

Menu à 9,50 €, jus à 4 €

Facebook : Love me cru

1. 2. 3. SOLEIL ! • C'est une échoppe jaune citron si petite que l'on se demande si l'on peut y tenir à plus de trois. "Smile", indique dans la vitrine un panneau en bois posé près d'une caisse remplie de gingembre. Jus ananas, orange et carotte, avocado toast, wrap garni de crudités aux graines de sésame, soupe champignons, patates douces et noix de cajou, chia pudding au lait de noisette, etc. Derrière son bar, David, un ancien graphiste passionné par l'alimentation vivante, concocte, dans la bonne humeur et selon ses arrivages de fruits et légumes bio, des snacks crus et vegan pleins de créativité. C'est frais, parfois surprenant, et tout simplement délicieux. "Love me tender, love me... cru", comme chantait (à peu près) Elvis.

Nata

28, rue Planchat, 20e • M° Avron • Tél. 01 53 27 77 54

Chaque cours a un tarif spécifique (60 € les 3 heures, par exemple)

nataparis.com

YOGI FOODIE • Une séance de yoga avant un atelier cuisine, ou l'inverse ? C'est possible dans ce centre atypique qui dispose d'une agréable cuisine, puisque ses fondateurs, Pamela et Senêt, n'ont pas voulu choisir entre leur passion pour le yoga et celle pour l'alimentation "bien-être", qu'elle soit macrobiotique ou ayurvédique. Au gré des ateliers, vous apprendrez ainsi à cuisiner les champignons séchés, les algues, ces "légumes de la mer", ou les légumineuses, ces "reines des protéines végétales". Vous découvrirez aussi comment remplacer sucre, viande, lait ou fromage dans vos assiettes. À la clé, un bon moment, de belles recettes et une révélation : l'importance de manger en pleine conscience.

Primeur

4, rue Lemon, 20e • M° Belleville • Tél. 01 71 70 95 28

Ouvert tous les jours de midi à 15h, du jeudi au samedi de 19h à 22h30

Plats autour de 15 €

Facebook : Primeur

MARAÎCHER • Avec sa façade bleu canard tout en baies vitrées, ses tables en bois clair, ses ampoules nues suspendues, l'endroit a définitivement quelque chose de plus qu'une simple cantine. Dans les assiettes, la part belle est faite aux légumes, bio et produits localement, cela va de soi. Lasagnes, risotto, moussaka, chili... les classiques végétariens sont réinterprétés avec finesse. Mais c'est sans doute le burger vegan avec son steak de lentilles vertes et haricots rouges, son ketchup maison, sa mayo végétale et ses pommes de terre braisées que vous aurez l'impression de redécouvrir. Son seul inconvénient ? Il va falloir faire mine de se justifier pour céder à l'appel du cheesecake cru à la noix de cajou.

Index

INDEX ALPHABÉTIQUE

COURS DE CUISINE

100 % VEGAN

....

....

....

....

....

....

....

....

....

....

....

....

....

....

....

....

....

....

....

....

....

....

....

....

....

....

....

....

....

....

....

....

....

....

....
....
....
....
....
....
....
....
....
....
....
....
....
....
....
....
....
....
....
....
....
....
....
....
....
....
....
....
....
....
....
....
....
....

Crédits photographiques

Toutes les photographies sont © Alcyone Wemaëre ou proviennent des établissements cités.

Autres mentions : © Jennifer Éric (My Kitch'n), © Jessica Orchard (Le Potager du Marais), © Paul Bowyer (Café Pinson 2), © Philippe Lévy (Café Pinson), © RazzleDazzle (Vegan Folie's), © Shutterstock (encadré Livraisons à domicile), © Soraya Aouidad (PH7, Saravanaa Bhava, Loving Hut).

Édition : Mathilde Kressmann
Relecture-correction : Eugénie Michel et Maud Bruguière
Direction artistique et couverture : Isabelle Chemin

ISBN : 978-2-37395-058-8
Dépôt légal : octobre 2018
Achevé d'imprimer en UE en octobre 2018